梦山书系 教育教学 细节 丛书 郑金洲 主编

林存华 著

课堂管理的 50个 细节

海峡出版发行集团 | 福建教育出版社

图书在版编目（CIP）数据

课堂管理的 50 个细节/林存华著. —福州：福建教育出版社，2015.6（2020.9 重印）
（教育教学细节丛书/郑金洲主编）
ISBN 978-7-5334-6793-7

Ⅰ.①课… Ⅱ.①林… Ⅲ.①课堂教学－教学管理－中小学 Ⅳ.①G632.421

中国版本图书馆 CIP 数据核字（2015）第 055828 号

教育教学细节丛书
郑金洲　主编
Ketang Guanli De 50 Ge Xijie
课堂管理的 50 个细节
林存华　著

出版发行	福建教育出版社
	（福州市梦山路 27 号　邮编：350025　网址：www.fep.com.cn）
	编辑部电话：0591-83779615　83726908
	发行部电话：0591-83721876　87115073　010-62027445）
出 版 人	江金辉
印　　刷	福州报业鸿升印刷有限责任公司
	（福州市仓山区建新镇建新北路 151 号　邮编：350082）
开　　本	710 毫米×1000 毫米　1/16
印　　张	17
字　　数	218 千字
插　　页	1
版　　次	2015 年 6 月第 1 版　2020 年 9 月第 5 次印刷
书　　号	ISBN 978-7-5334-6793-7
定　　价	35.00 元

如发现本书印装质量问题，请向本社出版科（电话：0591-83726019）调换。

总 序

　　编撰一套教育细节方面的丛书，这种想法由来已久。也许我们已经熟悉了过多的对教育的宏大叙事，也许是觉得教育叙述本来就应该是着眼"大局"的，使得教育研究者很少就教育的具体细节进行深究。相对于理论研究而言，倒是在实践中，我们的老师们更关注自己的教育对象，从具体的教育行为中探寻教育的真谛。在我为数不多的听课经历中，或者在与学校管理者的交往过程中，我常常能够注意到校长和老师们确实是秉承着一种细节决定成败的理念在工作，在教学和管理实践中从大处着眼小处着手。把这些细节展示出来，把教育教学的细节把握经验提炼出来，把细节蕴含的意义揭示出来，也就成了这套丛书的主旨。

　　真相在细节。学校管理的情况如何？课堂教学的实际情形是怎样的？教师与学生正在进行着什么样的交往？要了解这些问题的真相，可以进行整体情况的调研，可以从各单位的汇报材料中有所知晓，可以从教师的研究论文中洞察一二，但确切的真相总是在一系列的具体细节之中的。比如，要了解一个校长是如何管理一所学校的，我们不能仅仅从其个人的理念陈述中得知，而是要观察他管理学校的一举一动，考察他的每一个细节行为，看他是如何与教师、学生进行交往的，如何处理一个又一个棘手问题的，在这个过程中，真相也就逐渐浮出水面。可以说，细节捕捉让我们在教育实践中不只是听其言，更是在观其行，而对于真相而言，"行"永远是胜于"言"的。

力量在细节。听一个故事，有细节才有感染力；求证一个事实，有细节才有说服力。把事物演进过程中的细节成分呈现出来，才能让人信服。教育教学的实际情景也是如此。一个教学模式的提出，假如仅仅是程序性行为的展现，仅仅告诉我们该模式有几个环节构成，而没有各环节操作中的注意事项，没有具体展示模式运行的细节行为，就很难为他人接纳。同样，一种教学经验的总结，假如仅仅只是告诉我们这些经验是什么，由哪些方面组成，而没有细节性的事例呈现和说明，就很难走进我们的心灵。美国哈佛大学的约瑟夫·奈教授说：体现一个国家实力的不只是强大的武装力量，而更在于这个国家有没有精彩的故事。这句话所说的"精彩"，很大程度上就是细节。

魅力在细节。法学领域中经常有这样的说法：程序是美的。我的体会，教育领域中倒是应该有这样的认识：细节是美的。为什么有的时候听完一节课以后，我们会深深为课堂上师生的行为所感染而意犹未尽？为什么有的时候走进一所学校，我们会深深为校园环境与学校实践所触动而赏心悦目？仔细追究，都是和课堂上以及学校情景中的细节行为紧密相关的。前一段时间，在一所小学听三年级的外语课，课上，一个男孩回答问题时，与正确的答案差之甚远，课堂上同学们哄堂大笑；授课老师不经意地走到这位同学的身边，轻轻抚摸了一下这位同学的头以示关心。我注意到这节课的后半段，这位同学丝毫没有被回答问题的尴尬所影响，仍然是课堂的积极参与者。这些细节让我真切感受到了教育的无尽魅力！

问题在细节。自上世纪 90 年代以来，我们一直倡导教师要成为研究者。许多教师为找不到研究问题而苦恼。实际上，假如我们对自己从事的工作多一份细节意识，就会发现很多问题。有人说，从教师踏入学校大门的第一步到离开学校，如果从细节行为来分析，没有一时一刻不是蕴含着许多探索和研究的问题的，这话尽管有点夸张，但不无道理。当下我们大量的教育实践行为不太能经得起细节推敲，一进入细节领域，问题多多，障碍重重。总体来讲，教育中大而化之的东西还是比较多的，细节上推敲不够，把握不准，雕琢不细，从而导致教育的科学性不强，示范性不高。从细节处发现问题，研究教育教学细节，在我看来，应该成为教师从事教育研究的基本特征。

意义在细节。教育上有很多理论，教学上有很多规则，管理上也有很多规章，所有这些要求和规定只有在细节上体现时才有意义。反过来，我们在把握教育教学以及学校管理细节的时候，也要注意分析其背后的理念、理论或者理性成分。虽然不能像佛家所说的那样，要看到"一花一世界，一树一菩提"，但至少要从认知的高度对细节有可能蕴藏的意义加以考察和挖掘。也就是说，不能就细节谈细节，将细节本身作为研究和把握的重点。一般来说，细节都是有意义的，发现这些意义，就意味着对细节认识的一种深化，对于以后把握细节就多了一份认知保证。

从国人的文化传统角度来考察，我有一个不成熟也可能是不尽正确的看法，那就是我们相对于西方民族而言缺少细节思维。我们善于对事物做总体上的谋划，做全局性的思考，对目标也会下大力气去制定，但比较少地对事物做细节性处理。翻检古代教育典籍，从细节处谈教学方式方法者甚少。我们了解启发式，但不知如何操作；我们知道教学要体现艺术性，但几乎没有具体要求；我们也明了因材施教的原则，但无从下手难以实施。凡此种种，不一而足。不只是教育领域如此，其他领域大致也是如此。通过编撰一套教育类的细节丛书，当然不能扭转我们细节思维缺失的局面，但对于从事教育工作的同行来说，做细节思维的提醒还是必要的。

　　强调细节，并不是不关注大局、放弃宏大。事实上，细节只有在方向正确、战略明确、目标设定合理的前提下才有意义。因而，在细节的把握上，老师们不能碎片化地理解细节，而要注意把细节放在全局中去考量，这样的细节雕琢才更有意义。

郑金洲
2011年2月

目 录

一、课堂环境的设置调整/1

1. 把教室空间设计得与众不同/3
2. 让学生做好准备再正式上课/9
3. 用小题大做来营造学习气氛/13
4. 用穿插笑话来缓解学习疲倦/18
5. 用设计特别任务来调动气氛/23
6. 用学生舆论监督来引导氛围/28

二、课堂秩序的建立维护/33

(一)课堂规范的制订建立/35

7. 课堂规范建立在秩序混乱前/35
8. 课堂规范要有正面引导功能/40
9. 师生共同商讨制订课堂规则/45
10. 设计课堂开始与结束的方案/50

(二)课堂纪律的执行落实/55

11. 课上纪律问题课下具体处理/55

12. 课堂纪律执行要用同样尺度/62

13. 课堂纪律执行要有人文关怀/66

14. 课堂纪律执行做到即时反馈/71

15. 课堂纪律执行做到善始善终/75

16. 课堂纪律执行避免"扩大化"/79

17. 课堂纪律执行慎用"撒手锏"/84

(三)学生行为的引导矫正/89

18. 立约定改变学生行为/89

19. 每堂课都从整队开始/94

20. 学生的纸飞机做书签/98

21. 批评另一方更有效果/102

22. 很高兴你能回答问题/107

23. 我们叫小陈同学说说/111

24. 请学生回忆教学片段/115

25. 知道我现在的感觉吗/119

26. 行为矫正要多管齐下/123

三、课堂活动的组织管理/129

27. 教学活动组织要有章可循/131

28. 师生问答要关注全体学生/134

29. 根据课堂生成来调整预设/139

30. 有意制造错误来组织教学/146

31. 善于利用学生提出的问题/151

32. 善于利用学生的认知错误/157

33. 不能随意地调整教学进度/160

34. 给学生的否定评价要慎重/163

35.教学语言表达要简洁精炼/169

36.教学的指令性用语要明确/174

四、偶发事件的应急管理/179

37.这件事大家怎么看/181

38.捕捉蛇的同学挺棒/187

39.没关系,你能行的/192

40.你在跟我逗着玩吧/199

41.谁能帮我拿一下书/203

42.上课时气球爆掉了/209

43.学生在课堂上呕吐/214

44.学生的量角器断了/219

45.黑板上的卡片掉了/224

46.我一时疏忽说错了/229

47.老师刚才讲得对吗/234

48.我现在就改正过来/239

49.等学完课文再讨论/245

50.那你说,怎么编呀/251

附录一　本书案例索引/256

附录二　本书相关链接索引/259

一、课堂环境的设置调整

课堂环境是指由教学时间和教学空间因素构成的特定的教学环境，包括课堂物质环境和课堂心理环境。对物质环境的课堂管理主要是科学设置、检查和调整教学设备与教室空间；对心理环境的课堂管理指的是通过一定的管理手段，营造和谐、轻松、愉快的课堂气氛。课堂环境的管理，有的是长期性工作，如创设好的班风、学风；有的是阶段性工作，如布置教学设备和教室环境等；有的是日常性工作，如课前检查教学设备、课前为营造教学氛围做好准备等；有的是即时性工作，如根据教学需要调整座位安排、在课堂教学中根据情况及时地调整教学气氛等。管理好课堂环境是课堂管理的基础性工作，能够有效促进教学环境的营造和课堂教学秩序的稳定。

1. 把教室空间设计得与众不同

布置教室环境是课堂管理的重要内容。有关研究和经验表明，整洁、幽雅、精心布置的教室环境，可以使师生心情舒畅，也有利于学生集中精神学习。相反，肮脏、杂乱、疏于打理的教室环境，则容易使人产生厌烦情绪，从而对课堂教学的开展产生不利的影响。下面，我们将结合有关案例，探讨一下教室环境布置的若干管理细节。

案例1.1　创设良好的教室环境

走到一班级听课，一进班级就发现它的"与众不同"，课桌椅被编排成"马蹄式"，教室内设有"绿化角""图书角""生物角"，墙上有班级的"星星榜""行规评比表"，黑板报内容主题鲜明，教室内环境整洁，东西摆放整齐、有序。班级环境氛围令人舒心愉悦。果然，在如此课堂环境氛围的创设中，尤其在组织小组讨论时，每一组学生积极投入，共同商量完成教师下发每组的"学习单"上的任务。学生的学习状态、学习习惯表现良好。我们还发现小组学习讨论中，为鼓励小组成员的合作、交流，每组一张"学习单"的形式，也是很有效的。[①]

案例1.1中，布置得富有特色的教室环境，吸引了听课教师的注意力。经过听课教师的观察发现，良好的教室环境对课堂教学的氛围和效果，起

---

① 程核红. 关乎细节 运用策略——"课堂管理"细节优化的策略研究 [J]. 中小学教师培训，2010，(2).

到了"加成"作用。案例中所描述班级的教室环境管理，有以下方面值得我们学习借鉴。

第一，把课桌椅编排成"马蹄型"。中小学课堂教学主要采用讲授法，课桌椅一般也被排成与之相适应的"秧田型"。当课堂教学需要采用讨论式教学法时，桌椅的排列理应跟着调整成适合开展讨论的"马蹄型"。在现实的课堂教学中，有的教师不愿兴师动众，有的教师觉得调整课桌椅过于麻烦，于是尽管课堂教学中主要采用讨论式教学法，但仍是保持"秧田型"的课桌椅布置不变。可想而知，这样的课堂讨论效果必然会大打折扣。案例1.1中，教师根据课堂教学的需要，"不嫌麻烦"地把课桌椅编排成"马蹄式"，相信这样做除了让人感到"与众不同"外，还能在接下来的小组讨论中发挥出别样的作用。

第二，教室墙壁的布置精心多样。教室是学生学习生活的基本场所，教室墙壁是承载班级文化、课堂文化的重要窗口。精心打扮教室墙壁，不仅能给师生美的享受，也能让学生在参与布置的过程中，学到更多的知识，提升动手动脑的能力，还能促进班级文化、课堂文化的建设，对课堂教学产生有益的推进作用。案例1.1中，教室内设有"绿化角""图书角""生物角"，墙上有班级的"星星榜""行规评比表"，黑板报内容主题鲜明。可以设想，如此多的板块错落有致地布置在教室的墙上，能让人感受到一种积极的学习生活氛围，在此场景中开展课堂教学，也应该是一件令人愉悦的事情。

第三，教室内环境整洁，东西摆放整齐有序。环境对人的行为有潜移默化的影响。当我们处于干净有序的环境之中，除了会感到身心愉快外，也会在无形中改善我们的行为习惯，一般会自觉不自觉地爱护和保持优美的环境，而不会有意地去搞破坏；当我们处于肮脏杂乱的环境之中，除了感到内心不适外，部分人的言行举止还会受影响，加入破坏环境的队伍之中。案例中，教室内的环境保持得干干净净，课桌椅等物品的摆放做到了整整齐齐。想必，这样的教室环境对人的言行、心情，对课堂氛围的创设和学生学习状态的调整，均能产生积极的、有益的影响。

案例1.1探讨了教室空间环境对课堂管理、课堂教学的作用。教室空间是师生共同的空间，在教室空间的使用上，学生学习生活的时间一般要多于教师。从课堂管理、班级管理的角度出发，学生应该更多地参与到教室空间的布置之中，并在其中发扬积极主动的"主人翁"精神。在案例1.2中，我们将继续探讨如何让学生参与到教室空间的布置。

案例1.2 设计教室空间，呈现"游戏精神"

语文课程实施的主阵地是教室，如果将教室这一活动空间的环境加以改造，主体的学习方式就会随之发生变化。再者教室空间与测试、考核等相应的功利因素相距甚远，自然就与游戏情境缩短了距离。那么，由谁设计教室空间，如何设计才能有效呈现"游戏精神"？将设计的主动权交给学生，让学生成为教室空间的设计者、教室空间的主宰者，是实施"游戏"的基础条件。学生可根据自己的学习经验、兴趣爱好以及当前语文学习、社会实践所需，通过集体民主商议、探讨、调整，在教室这一空间环境里设计多种赋予游戏色彩的学习活动专栏，在游戏中展示自由、动态的自我天性和魅力。当然，这些专栏设计必须符合当前语文新课标的理念要求，而绝非漫无边际。

A. 卡片袋设置栏目

每位学生的课桌右上角配置约 10 cm×7 cm 的卡片袋，卡片一星期更新一次（旧卡片按编号、日期由自己妥善保存），内容自己选择，侧重词、句、段的积累。此形式目的在于养成积累的好习惯，同时学生间也可互换插到各自的卡片袋里，也可轮换。这样在自我积累、互换欣赏的过程中，做到了人人乐于参与，浏览记忆方便，资源特色不一，资源分享便捷，并且在互换中形成一种相互间情感认可的评价机制，给予学生一种努力确保卡片质量的约束力，积累的一些技巧与方法也在相互体察中不断递增。

B."好文本，我推荐，你评点"栏目

此栏目是一种个性化阅读的互动交流空间，能为课外阅读提供一个反馈与评价的平台。学生在课外阅读到好的文本，连同自己的感悟，可以张贴在这一栏目中，供其他学生欣赏、评点，其他学生如有兴趣，可一同参与点评、张贴。

C. 主题教学汇编栏

这是将课堂教学主题作纵横拓展的栏目。由于课时有限，很难将教学主题的知识技能点衍化为知识面，使静态的知识衍化为动态知识，形成一种系统的知识结构图式，因此借助此汇编栏来改变这一状况。此栏目摆脱了课本教材本位主义，使教材成为教与学的媒介，使课程资源得到最有效、最充分的开发，这也是语文新课程的一个凸显的理念。

除此，还有"七嘴八舌论坛栏""时事关注栏"等。教室空间的多样化设计，完全改变了学生学习的精神状态，他们忘我地穿梭于教室空间，乐此不疲，以上的活动栏目不难看出都遵循了"游戏"规则。①

案例1.2中，任课教师发动学生参与教室空间的"个性化"布置，让学生在具有"游戏"色彩的教室空间中，更加全面、生动、深刻地学习和掌握语文知识。案例中教师在布置教室空间的细节方面，有以下几点值得我们学习探讨。

第一，将教室空间的布置，与学科教学的特点和需要相结合。教室空间是学校文化、班级文化和学生文化的重要载体，教室空间的布置通常也是诸多方面的"大杂烩"。虽说学科教学的内容时常在教室空间中占据一

---

① 朱建艳. 设计教室空间 展示"游戏"精神［J］. 教学与管理，2007，(2).

席之地，但很少如案例中那样，通过"卡片袋设置栏目""'好文本我推荐，你评点'栏目""主题教学汇编栏"等形式，将教室空间与语文如此紧密地结合在一起，让学生时时处处感觉到语文学习的环境。这种做法可以说是一个小小的创举。

第二，将"游戏"精神和规则，融入教室空间的布置中。寓教于乐、寓学于乐是教学的基本原则。如何将游戏因素融入教室空间的布置之中，对课堂管理来说是一个不小的挑战。案例1.2中，教师尽可能地将游戏的参与性、互动性、竞争性，巧妙地嵌入教室空间的布置之中。比如说，"好文本，我推荐，你评点"栏目，就是一个体现游戏精神的互动交流空间。在此，学生既可以将自己课外阅读的好文本和学习感悟张贴出来，也可以以欣赏、评点的方式参与进来，与同学们进行互动交流。

第三，将发挥学生主动性，作为布置教室空间的重要准则。教室是学生学习与生活的重要场所，也是学生展现自我风采的一个舞台。如此说来，学生不仅要成为教室空间的布置者，也应该是教室空间布置的设计者。案例1.2中的教师显然是深谙此道，在课堂管理和学生管理上，充分发挥学生的主动性和积极性，特别是将设计教室空间的重任交给学生，让学生"根据自己的学习经验、兴趣爱好以及当前语文学习、社会实践所需，通过集体民主商议、探讨、调整"，自主地设计和布置教室空间。教师这么做，能将语文学习、教室布置和游戏精神融为一体，很好地兼顾到了教室环境的改造和语文学习的"游戏色彩"。

总之，切合学生特点的座位排列和教室布置，不仅有助于师生身心状态的调整和课堂文化的建设，也有助于学生在教学活动中的主动、探究和合作，以及课堂教学的高质量开展。

点睛笔：

　　1. 教室是学生学习生活的基本场所，教室墙壁是承载班级文化、课堂文化的重要窗口。精心打扮教室墙壁，不仅能给师生美的享受，也能让学生在参与布置的过程中，学到更多的知识，提升动手动脑的能力，还能促进班级文化、课堂文化的建设，对课堂教学产生有益的推进作用。

　　2. 环境对人的行为有潜移默化的影响。当我们处于干净有序的环境之中，除了会感到身心愉快外，也会在无形中改善我们的行为习惯，一般会自觉不自觉地爱护和保持优美的环境，而不会有意地去搞破坏；当我们处于肮脏杂乱的环境之中，除了感到内心不适外，部分人的言行举止还会受影响，加入破坏环境的队伍之中。

　　3. 指导学生精心打扮教室环境，不仅能给师生美的享受，也能让学生学到更多的知识，提升动手动脑的能力，还能促进班级文化、课堂文化的建设，对课堂教学产生有益的推进作用。

　　4. 教室是学生学习与生活的重要场所，也是学生展现自我风采的一个舞台。如此说来，学生不仅要成为教室空间的布置者，更应该是教室空间布置的设计者。

2. 让学生做好准备再正式上课

做好课前准备是教师课堂管理的重要内容。教师的课前准备，既包括备好课、准备好教学设备和调节好自己的状态，也包括了解学生的学习情况、观察学生的身心状态。在某种程度上，教师在上课之前与学生进行必要的沟通，了解学生的学习状态和课前准备情况，帮助学生更好更快地完成课前准备活动，是教师课前准备的重中之重。

案例 2.1 教师轻问学生"准备好了吗"

2 分钟预备铃刚响，任课教师走进教室，她微笑地环顾四周，摆放整齐讲台上的作业本，用动作示意学生摆放好学习用品，挺起胸，坐端正。教师走到讲台前，轻轻地问一声："准备好了吗？"稍停顿片刻，见孩子们已做好了准备，她微笑着并提高声音，短促而有力地说："上课！"由此，一堂课在轻松愉悦的氛围中展开……①

案例 2.1 中，任课教师在预备铃打响后就走进教室，她不仅以动作示意和引导学生做课前准备，而且用言语来轻声地提醒学生。具体来说，教师在引导和帮助学生进行课前准备的管理上，有以下几点值得我们学习借鉴。

第一，在预备铃刚响时就走进教室。在课堂教学正式开始之前，课堂

---

① 程核红. 关乎细节 运用策略——"课堂管理"细节优化的策略研究［J］. 中小学教师培训，2010，（2）.

管理就已经实施了。在上课 2 分钟之前打响预备铃，其课堂管理的功能在于——提醒学生做好上课的准备，也要求教师做好准备、调整好身心状态，以更好的精神面貌开始新的一课。案例 2.1 中的教师在预备铃打响的时候就进入教室，不仅给自己留下了较为充足的课前准备时间，也为引导和帮助学生做到课前准备创造了良好的条件。

第二，用动作示意学生做好课前准备。对师生来说，课前准备都是一项常规的活动。如何做好课前准备？一般来说，学生是心中有数的，至少是并不陌生的。因而，除了某些课程的特殊要求，教师不见得每次上课前都用言语强调下课前准备的要求，教师完全可以用肢体语言，来提醒和引导学生完成课前准备。案例 2.1 中的教师先是"微笑地环顾四周"，与学生进行目光交流，以提醒学生要集中注意力了。然后，教师通过"摆放整齐讲台上的作业本"等动作，来示意和引导学生"摆放好学习用品，挺起胸，坐端正"，从而完成课前准备的基本要求。

第三，等问好学生之后再喊"上课"。规范到位的课前准备，既是课堂管理的要求，也是课堂教学质量的保障条件。当教师做好课前准备后，如何判断学生也做好了准备？方法很简单，一是观察，二是询问。案例中的教师在示意学生课前准备的要求之后，先是轻声询问学生"准备好了吗"，然后稍停片刻，观察学生的准备情况。见学生们都做好准备，她才开始上课仪式。教师既询问又观察学生，在确认学生做好准备之后才喊"上课"，这为课堂教学的成功奠定了良好的基础。

上课前两三分钟的课堂管理，虽然与上课的内容并无直接关系，看起来似乎也无足轻重，但却是课堂管理的重要内容，对课堂教学有着直接或间接的影响。假如教师踩着上课铃声，匆匆忙忙地走进教室，忽视课前准备活动和课堂管理细节，特别是不管学生准备好与否就开始上课，那么，有的学生难免还未从课间的"放松"状态回过神来，他们可能在聊天，可能在看课外书,也可能正做着本该在课前完成的准备活动。显然,这些学生不可能很快地投入课堂教学中,而是要游离于课堂之外一段时间。故而,教师要想引导学生做好课前准备,自己必先要有所准备,而且,对于新接手的班级更是要准备得充分一些。下面,我们将结合案例2.2,对有关课堂管理细节和要求做更多的探讨。

案例2.2　真没见过你们这样的学生

有一所全国赫赫有名的中学的一位教师,被聘请到附近一所"赫赫无名"的普通中学去教课。这所普通中学自然对此名师寄予极大希望,而这位名师本人大概也觉得此事属"小菜一碟",可能连"准备活动"都没做,就大摇大摆地去了。一进教室,他就看见黑板没擦,桌椅不整齐,地上纸屑很多,学生说话的不少。名师没见过此种阵势,脱口而出说:"真没见过你们这样的学生!"然而,这些学生也没见过如此大惊小怪的老师,于是有人说道:"我们也没见过您这样的老师!"哇!名师自尊心严重受挫,大为震怒,拂袖而去,从此再也不干这份差事了。[1]

案例2.2中,面对陌生的学生,没有做好课前准备的教师失去了方寸,不仅口不择言地批评了学生,而且在学生"顶嘴"之后,愤然离开教室,甩手不干了。具体来说,在课堂管理方面,案例中教师的失误之处有以下几点:

首先,对教新学生可能遇到的困难没有做好准备。案例中的教师长期在好学校执教,遇到的学生可能都比较遵守课堂纪律,这样课堂管理的压力估计较小,也就不用花多少心思提高自己的课堂管理水平。当他被聘请到一所普通学校教课后,这位教师以为将要教的学生会主动配合他上课,于是不仅没有事先了解学生的情况,也没有准备好遇到课堂管理挑战时的应急策略。

---

[1] 王晓春. 课堂管理,会者不难[M]. 北京:中国轻工业出版社,2010:68.

其次，脱口而出"真没见过你们这样的学生"。案例中教师走进教室，预想中的教室环境整洁、课堂秩序井然并没有出现，而是看到令人失望的场景——"黑板没擦，桌椅不整齐，地上纸屑很多，学生说话的不少"。对于课堂管理遇到的新情况，这位教师没有采用建设性的方法，即积极想方法解决问题，而是把责任全部推给学生，有点不负责任地说了句"真没见过你们这样的学生"。

最后，面对课堂管理的新挑战，采取逃避的方式。案例中教师推卸责任、责怪学生的一句话，引起了学生强烈的反感，有的学生甚至针锋相对地说道"我们也没见过您这样的老师"。面对这种情况，教师也没有意识到自己的问题，迎难而上，调整课堂管理策略，而是进一步采取"鸵鸟战术"，在震怒中抛下学生，干脆不光彩地离开了课堂。

总之，在课堂教学的准备阶段，教师要重视课前准备的铺垫作用，认真切实地做好准备，以保证课堂教学有一个良好的开端。在这个过程中，教师既要仔细准备和检查上课中需要用到的设备，又要注重与学生进行必要的交流，包括运用好肢体语言等非言语交流手段，用眼神、表情、手势等动作，引导学生做好课前准备活动。

点睛笔：

1. 在课堂教学正式开始之前，课堂管理就已经实施了。在上课预备铃打响之后，教师不仅要以适当的方式提醒学生做好上课的准备，自己也要做好有关准备、调整好状态，以更好的精神面貌开始新的一课。

2. 上课前两三分钟的课堂管理，虽然与上课的内容并无直接关系，看起来似乎也无足轻重，但却是课堂管理的重要内容，对课堂教学有着直接或间接的影响。故而，教师要想引导学生做好课前准备，自己必先要有所准备，而且，对于新接手的班级更是要准备得充分一些。

3. 用小题大做来营造学习气氛

课堂环境对教师的教、学生的学,以及教学质量和效果都有着直接的影响。前面我们已经讨论过课堂物理环境的管理,也涉及课前准备阶段的管理,接下来几个小节,我们将着重探讨课堂教学中心理环境的创设、运用、调整等方面的管理细节。

在课堂教学中,营造轻松、愉快、活跃的课堂氛围,是教师课堂管理追求的目标之一。但教师如果对课堂环境缺乏有效的调控,那么必然会造成学生注意力分散、思想开小差等状况。在课堂上,我们会经常见到这样的现象:老师在苦口婆心地讲课,总是有少数学生或交头接耳,或心不在焉,或做其他事,老师讲的没听进去,老师要求的没去完成,一句话,学生的注意力不在课堂教学上。[①]

那么,教师如何做才能创设良好的课堂氛围呢?教师可以针对某个教学信息点,通过课前的设计,或者在教学过程中灵活把握,放大其积极的影响,使其成为课堂教学的一个"愉悦点",从而起到调节课堂气氛的良好功效。

案例 3.1 小建同学使劲咽了两次口水

著名特级教师于永正在教学《我爱故乡的杨梅》时,请一个学生朗

---

① 王跃. 高效课堂的 101 个细节[M]. 广东:广东高等教育出版社,2009:51.

读，这个学生读得有滋有味、声情并茂："……没熟透的杨梅又酸又甜，熟透了就甜津津的，叫人越吃越爱吃……"学生读完，于老师扫视一遍教室，一本正经地说："小建同学最投入，他在边看边听的过程中，使劲咽了两次口水。"学生们先是一愣，很快回过味来，全都咯咯地笑了起来。

"课文中描写的事物，肯定在他的脑海里变成了一幅幅鲜明生动的画面。我断定，他仿佛看到了那红得几乎发黑的杨梅，仿佛看到了作者大吃又酸又甜的杨梅果的情景，仿佛看到了杨梅果正摇摇摆摆地朝他走来，于是才不由自主地流出了'哈拉子'……"学生们笑得更响了。

待学生笑过，于老师郑重其事地说："如果读文章能像小建这样，在脑子里'过电影'，把文字还原成画面，那就不仅证明你读进去了，而且证明你读懂了。老实说，我刚才都差点淌口水了，只不过没让大家发现罢了。"学生们再一次笑了。[1]

案例3.1中，于老师仔细观察学生聆听、阅读课文片段的状态，从数十个学生中发现了"咽了两次口水"的学生小建。随即，他以这件小事为契机，做起了"大文章"。于老师不仅向全班学生描述了自己的发现，并且以风趣的语言进行进一步的解释说明，还直言不讳地说自己也差点淌口水。教师的风趣幽默，多次引起了学生开心一笑。教师的做法不仅营造了良好的学习气氛，也让学生加强了对知识的理解和掌握。在这个过程中，于老师有几处课堂管理细节值得我们学习探讨。

第一，一本正经地描述小建同学咽口水。案例3.1中，教师请一个学生朗读课文《我爱故乡的杨梅》。在这位学生有滋有味、声情并茂地读完之后，教师注意到一个学生在咽口水。在不少教师看来，这一现象与课堂教学并没多少关系，对此可以装作没有看见，也不用去管它，这样就能让

---

[1] 赵国忠. 透视名师课堂管理——名师课堂管理的66个经典细节[M]. 南京：江苏人民出版社，2007：63.

其自然而然地过去。反正，这么进行课堂管理也不会犯什么错误，也不可能给教学带来多少负面影响。难能可贵的是，案例中的于老师及时地捕捉到这一现象的潜在价值，并且以略显夸张的方式来进行描述。教师的小题大做，使学生小建有损课堂秩序的行为，以全新的面貌进入全班同学的视野。教师甫一叙述，学生们就开心地笑了起来。教师的叙述，起到了活跃课堂气氛的作用。

第二，详细解释学生小建流口水的原因。案例3.1中，于老师特意描述学生流口水，其用意显然不是让学生们一笑那么简单。因此，教师抓着学生流口水这件事不放，紧接着详细地解释学生小建为什么会流口水。根据教师推断，学生小建"仿佛看到了那红得几乎发黑的杨梅，仿佛看到了作者大吃又酸又甜的杨梅果的情景，仿佛看到了杨梅果正摇摇摆摆地朝他走来"，在这种情况下，"才不由自主地流出了'哈拉子'"。经过教师有意的引导和渲染，学生们的情绪更加愉悦了，对同学小建流口水更加关注和深入地思考了。从课堂管理的角度，于老师的做法，不仅营造了良好的学习氛围，也成功地激发了学生关注教学内容的好奇心。

第三，向学生坦白自己也差点淌口水了。案例3.1中，于老师经过前面的用心地"表演"，为接下来的"知识点"传授做好了铺垫。换句话说，在讲好刚刚发生的"故事"之后，是到了向学生"讲道理"的时机了。与诱导学生发笑不同，于老师"郑重其事"对学生讲解"故事"背后的道理，即读文章要"把文字还原成画面"，这样就能够表明自己真正读深、读懂了。在讲完这些话之后，教师还不忘再次小小地幽默了一把，主动向学生自曝已"短"，即"主动交代"自己"刚才都差点淌口水了"。教师这么一说，不仅能够持续活跃课堂气氛，也能让学生感到教师的平易近人。

课堂教学中，教师既可以在教学过程中灵机一动，通过有意地引导，将课堂教学中的某些细节"小题大做"，起到活跃课堂气氛的作用，也可以在课前就针对教学任务和内容中的某些"小节",做好教学设计和准备,再在课堂教学中进行特别渲染,从而起到调节课堂环境的良好功效。下面,我们将结合案例3.2的有关描述,来继续探讨"小题大做"的课堂管理细节。

案例3.2 故意写错的音乐家人名

贝多芬、莫扎特、柴可夫斯基是世界著名的音乐家。有位老师却故意写成"背多分""莫砸铁""豺和虎撕鸡",引起学生哄堂大笑。等学生笑过后,他才一本正经地解释说:"背多分"就是该背的要记住;考试才能多得分。"莫砸铁"是说学习不能急功近利,像砸铁一样,一下是砸不穿的,必须循序渐进,日积月累;"豺和虎撕鸡"则是读书要下工夫,如同豺、老虎吃鸡般获取知识。别开生面的比喻,使学生在笑声中领悟到学习的方法。①

在案例3.2中,教师对世界著名音乐家贝多芬、莫扎特、柴可夫斯基的名字大做文章,故意把他们的名字错写成"背多分""莫砸铁""豺和虎撕鸡",从而引发了学生的哄堂大笑,起到了活跃课堂气氛和促进学生学习的双重功效。从课堂管理的角度来分析,教师抓住了几个难记的外国人名这一细节,在课前利用谐音进行巧妙地转换,使看上去无多少字面意思的外国人名,变成了既有意义且令人发笑的词组。

实际上,教师写下几个"错误的"人名,并要求学生通过联想来记住这几个人名,就可以起到活跃课堂气氛这一管理要求了。难能可贵的是,案例中的教师没有止步于此,而是在学生发笑之后,一本正经地对写下的人名进行了一番深刻的阐释。教师在阐释中,将写下的"人名"与学习的方法牵绳搭线,从而帮助学生在笑声中既记住了这几个难记的外国人名,

---

① 唐劲松. 教育机智漫谈[M]. 广东:海天出版社,2002:42.

又加强了对学习方法的理解和掌握。

> **点睛笔：**
>
> 1. 如果教师不能有效地调控课堂氛围，那么必然会造成学生的注意力分散、思想开小差等状况，也即学生的注意力游离在课堂教学之外。这样，轻松、愉快、活跃的课堂氛围也就无从谈起了。
>
> 2. 在课堂教学中，教师既可以有意将课堂教学中的某些细节"小题大做"，也可以在课前就挖掘教学内容中的某些"小节"，进行别出心裁的"二次加工"，再在课堂教学中进行特别渲染，使其成为课堂教学的一个"愉悦点"，从而起到调节课堂氛围的良好功效。

4. 用穿插笑话来缓解学习疲倦

课堂是知识传授的场所。知识传授的过程，常常是枯燥乏味的。如果枯燥乏味的知识传授持续时间过长，通常会使学生感到疲劳，出现精神难以集中、行为出差错的状况。在这种情况下，课堂的气氛也会变得沉闷无比。那么，如何来调节课堂气氛呢？对此，教师可以穿插一些笑话来调节课堂氛围。这样貌似简单的课堂管理措施，可能会起到非同一般的良好效果。

案例 4.1 会"说笑话"的老师

我在读初中时，英语课上，一旦老师发现我们产生学习疲倦，他就会随口讲一个笑话。我至今记忆犹新的是：一个中国人到美国商店里买编制毛衣的"开司米"绒线，他不会说英语，只能对着美国女店员边指商品边用中国话说"开司米"，结果被美国女店员打了耳光，原来美国女店员听成了"kiss me"（吻我）。我在这个笑话中，轻松地记住了"kiss me"这一英语词组。[1]

案例 4.1 中，英语课堂中出现了学生学习疲倦、课堂气氛沉闷的情况，教师及时地用讲笑话来调节学生的学习疲劳。值得一提的是，教师并没有为了讲笑话而讲笑话，而是将笑话的内容与教学内容巧妙地结合在一起。

---

[1] 严育洪. 这样教书不累人［M］. 北京：教育科学出版社，2009：105.

教师讲的故事是，一个不会讲英语的中国人到美国商店买"开司米"绒线，虽然找到了商品，并且边说"开司米"边用手指着商品，示意女店员要买这一商品，但他没想到的是，"开司米"与英文"kiss me"（吻我）同音。可想而知，听闻此言的美国女店员，打了这位中国人也就不怎么奇怪了。

听了这个笑话以后，学生们的反应应该是哈哈大笑，心情则是轻松愉快的。经过笑话的调剂，沉闷的课堂气氛必然会一扫而空，学生的学习疲倦也会得到有效的缓解。而且，这个笑话还富有教学价值，也能够促进学生的英语学习。这个笑话与美国女店员的误解直接有关，但根源性的问题是那个中国人不懂英文。听了这个笑话，能够帮助学生觉察到英语学习的作用和重要性。从教学角度来说，这个笑话涉及英文"kiss me"（吻我）这一知识点。在听笑话的过程中，不少学生也能够轻松、牢固地记住这一词组。

当然，作为一种课堂管理的手段，讲笑话未必只能作为学生学习疲劳的"调剂品"，教师完全可以防患于未然，在学生尚未感到学习疲倦时，就以笑话来调整学生情绪，教师也可以以穿插笑话的方式，帮助学生更好地掌握某些知识点。下面，我们将结合案例4.2，进一步探讨讲笑话在课堂管理中的应用。

案例4.2 用笑话来帮学生了解西方文化

在三年级介绍西方文化时，我对学生说：在西方国家，当被人赞扬时，你应该有礼貌地说"Thank you"，但是有的中国人却不懂这种礼节。有这样一个故事——有一个中国人，带着他的漂亮妻子去参加一个宴会，主人对其妻子的美貌称赞不已。谁知，这个中国人很谦虚，连忙说："哪里哪里。"旁边的翻译竟然把他的话翻译成了"Where? Where?"弄得这个主人很尴尬。他难道应该说这个中国人的眼睛很漂亮？嘴巴很漂亮？所以他只好说"everywhere",学生听完了笑成一片。[1]

案例 4.2 中,教师向三年级的学生介绍西方文化。当介绍到一个知识点,即应该用"Thank you"来回应他人的赞扬时,教师特意讲了一个笑话。教师讲的故事是,在一个西方宴会中,主人称赞参加宴会中国人的妻子很漂亮。但由于不懂国际交往礼仪,谦虚的中国人却回应说"哪里哪里"。恰好,旁边的翻译似乎也缺乏国际交往的经验,把"哪里哪里"直译成"Where? Where?"如此不按"常理"的出牌,自然就弄得那位老外主人很尴尬,只好勉为其难地说了句"everywhere"。

在这个案例中,教师的教学任务是向学生讲解西方文化的一个知识点。教师意识到,采用平铺直叙的方法,单纯地讲解这个知识点,学生很可能会听得很乏味,课堂气氛也不会轻松活跃,教学效果也不见得会多好。于是,教师从中西文化的不同点着手,寻找到一个因为文化差异而闹出的笑话。在课堂教学中,教师把讲笑话与教学任务有机地结合起来,通过讲笑话的形式,紧紧地吸引学生的注意力,让学生在轻松一笑之中,不知不觉地记牢了知识点。

总之,教师在课堂氛围沉闷的时候穿插笑话,或者将笑话镶嵌到知识教学中,都能够强烈地吸引学生的注意力,同时能极大地活跃课堂气氛。在轻松愉悦的课堂氛围中学习,显然要比在沉闷的课堂气氛中学习,更能够引起学生们的兴趣,受到学生们的欢迎。既然在课堂管理中,讲笑话有调节课堂气氛的特殊作用,那么,教师应该如何用好这一课堂管理手段,其中又需要注意哪些细节呢?

第一,紧紧围绕教学目标,服务于知识点教学。在课堂教学中穿插笑话,的确可以起到渲染课堂氛围、集中学生注意力的良好作用,但其中需

---

[1] 赵国忠. 透视名师课堂管理——名师课堂管理的 66 个经典细节 [M]. 南京:江苏人民出版社,2007:205.

要把握好"手段"与"目标"之间的关系，即讲笑话这种课堂管理手段，必须有助于教学目标和教学任务的完成。因此，教师在课堂中穿插笑话的时候，首先就要注意讲笑话的度，不能为了活跃气氛而冲淡知识点的教学。比如，在案例4.2中，教师讲笑话的目的是为了帮助学生掌握知识点，因此教师就选择了与知识点相关的笑话。

第二，事先做好充分准备，确定好笑话的内容。前文已经分析过，在课堂教学中穿插笑话，要注意笑话与教学目标、任务的适配度。这就需要教师在课前做好充分的准备，即根据教学目标和课堂管理的需求，选择合适的笑话以作备用。比如，在案例4.1中，教师在教学中穿插笑话的目的是调节课堂气氛，缓解学生的学习疲倦，为此，教师准备的笑话一定要轻松好笑，当然如果还能兼顾知识点的话，那就再好不过了。

第三，实时调整教学节奏，把握讲笑话的时机。在课堂教学中穿插笑话，需要选择一个合适的时机，在教学过程中找到一个恰当的切入点。否则，讲笑话就难以起到预想的作用。无论是案例4.1中还是案例4.2中的教师，都根据各自的教学节奏，选择了比较恰当的时间来讲笑话，从而使讲笑话发挥了应有的效果。在案例4.1中，当学生学习疲劳、精神不济的时候，教师适时地讲了一个笑话，让学生在笑声中化解了疲劳，提振了精神。在案例4.2中，教师在讲解了西方回应他人表扬这一礼节之后，讲了一个相关的笑话，用以阐释这一知识点，不仅活跃了课堂气氛，也发挥了良好的教学效果。

点睛笔：

  1. 作为一种课堂管理的手段，讲笑话不仅能作为缓解学生学习疲劳的"调剂品"，教师也可以以穿插笑话的方式，将学生的注意力集中到知识教学上，帮助学生更好地掌握某些知识点。

  2. 教师在课堂氛围沉闷的时候穿插笑话，或者将笑话镶嵌到知识教学中，都能够强烈地吸引学生的注意力，同时能极大地活跃课堂气氛。在轻松愉悦的课堂氛围中学习，显然要比在沉闷的课堂气氛中学习，更能够引起学生们的兴趣，受到学生们的欢迎。

  3. 教师在课堂中穿插笑话的时候，首先就要注意讲笑话的度，不能为了活跃气氛而冲淡知识点的教学。这就需要教师在课前做好充分的准备，即根据教学目标和课堂管理的需求，选择合适的笑话以作备用。而且，教师还要学会选择合适的时机来讲笑话。

5. 用设计特别任务来调动气氛

在课堂教学中，以适当的管理手段调节和活跃课堂气氛，是为了更好地服务教学活动，促进教学活动有序高效地推进。一般情况下，课堂管理是为课堂教学服务的，课堂管理手段与课堂教学本身是有一定区别的，是有一定界线的。当然，我们也注意到，在特定情况下，课堂管理手段与课堂教学活动是双向互动的关系，两者是可以合二为一的。比如说，我们可以特意设计某些课堂任务，使之成为一种用来调节课堂气氛的管理手段。

案例 5.1　特别的课堂任务

信息技术课的教学目标不宜采用传统的逐条列出的方法，而应把学习目标结合到教师设计的典型任务中，学生完成了典型任务，也就达成了教学目标。当然，设计的典型任务要能激发学生的学习兴趣，满足他们的求知欲。做好这一步，一节好课，就有了一个良好的开端。

我在讲 Excel 的自动序列填充与排序时，事先设计好各班的成绩表，并填好各人的成绩（当然是随便填的）。上课时，我首先展示该班的成绩表，然后要求学生在看清老师的示范操作后，完成表格，看看自己在班级中处于第几名。对于这种实用性的任务，学生兴趣很浓。老师示范一结束，学生便迫不及待地操作起来了。为了巩固学习内容，我再提出：同学们帮其他班也排一下名次好不好？同学们纷纷喊道："好，哪个班？成绩表在哪个目录下?"学生的学习热情高涨。①

案例 5.1 中,教师在信息技术课中设计了课本以外的任务,并且将课堂任务与学生的兴趣点结合在一起,从而极大地激发了学生的学习热情,促进了营造良好课堂氛围目标的达成。案例中教师的课堂管理细节,可以从以下几个方面进行分析。

第一,设计能激发学生兴趣的实用性任务。课堂任务穿插于课堂教学的全过程,是教师组织课堂教学活动的基本载体。教师在设计课堂任务时,除了做到紧紧围绕教学目标外,还要尽可能照顾到学生的学习兴趣。这既是开展有效课堂管理的需要,也是提高课堂教学质量的有力保障。案例 5.1 中,教师抛弃了根据教学目标机械地安排课堂任务的做法,而是主动从学生角度出发,设计了兼顾学生兴趣和教学目标的典型任务。教师在课前进行有针对性的备课,为在课堂中激发学生学习兴趣、营造良好课堂氛围,奠定了良好的基础。

第二,适时布置任务,激发学生学习热情。安排让学生自主完成的课堂任务,是教师在设计和实施教学活动时需要重点考虑的内容。案例 5.1 中,教师在引导学生学习"Excel 的自动序列填充与排序"这一知识点时,先进行了示范操作,然后再布置任务,让学生独立完成练习。虽说学生更为感兴趣的部分,是自己来操作成绩排名这一任务,但教师事先的示范,可以保证大部分学生明了具体的操作步骤和要求。这样,就避免了部分学生在做任务时不知所措的情况。从案例的描述来看,教师在合适的教学时机布置学生感兴趣的任务,既充分调动了学生的学习积极性,又确保了学生有足够的能力独立完成任务。在这个过程中,良好的课堂教学氛围也悄然地营造起来了。

---

① Gaowj. 中小学信息技术课课堂管理四个案例[EB/OL]. http://www.hgjys.net/xkzy/ShowArticle.asp? ArticleID=7452.

第三，利用营造好的氛围，再次布置任务。良好的课堂氛围营造好之后，作为课堂管理者的教师，既要考虑如何延续、保持和谐的气氛，还要思考如何充分利用好课堂氛围对课堂教学的加成作用。案例5.1中的教师在激发学生学习热情之后，不仅不失时机地布置了让学生为自己班级学习成绩排序这一任务，而且在学生完成这一任务之后，教师充分利用营造好的氛围趁热打铁，让学生完成类似的教学任务。案例5.1是如此描述教师给学生继续加码的："同学们帮其他班也排一下名次好不好？"面对这一有意思的课堂任务，学生们不仅饶有趣味地接受了挑战，而且在他们做任务的过程中，学习热情还持续高涨，这也在无形中将课堂气氛推向新的高潮。

总之，在案例5.1中，教师通过设计特别的课堂任务，成功地调动了学生的学习积极性和主动性，既完成了营造良好课堂氛围的管理目标，又促进了学生掌握知识点、获得难忘教学体验的教学目标。为什么案例中的课堂管理措施能发挥良好的效果呢？其中的秘诀又何在呢？其中的关键是让学生真正地参与到教学活动之中，在课堂任务中以主人翁的角色自主地支配自己的活动。当然，这个教学活动本身必须是学生感兴趣的活动，在这个过程中，还要有充分的生生之间、师生之间教学互动。这就给我们一个启发：课堂管理可以与教学设计结合起来，通过科学的教学设计，让学生真正参与教学活动，从而间接地达成课堂管理的目标。

设计让学生有兴趣参与的课堂教学任务，是一种特殊的课堂管理方法。实际上，我们不仅可以在信息技术课中设计特别的课堂任务，还可以根据不同科目特点，设计不同类型的教学任务或教学活动，通过引导学生的主动参与来活跃课堂气氛，从而加深学生对有关知识的印象。

相关链接5.1 政治课中的教学活动设计

一位年轻的政治老师在教学交流会上说，他工作两年来最大的收获，就是发现了教学活动可以提高学生的兴趣。他说，他刚开始任教的时候，根本就没有想到要开发教学活动，只是一眼"盯"着教材内容。这样，他的课堂总是比较沉闷，无论他多么努力，学生总是容易走神。而现在他经常在课堂上设计一些活动。比如，讲到公民权利的时候，他设计了一个村民选举的小品；讲到税收的时候，他设计了一个外国人到中国来做生意缴税的小品。[1]

在相关链接 5.1 中，年轻的政治教师刚开始任教的一段时间，非常努力地根据教材的内容一讲到底，再加上政治课的教学内容又相对抽象，这使得课堂气氛总是呈现出比较沉闷的状态。后来，教师可能意识到自己一味地讲，容易忽略学生的感受，因此，他通过在课堂上设计一些学生感兴趣活动，来激发学生参与教学的热情，从而起到活跃课堂气氛的管理效果。

细细品味一下，无论是案例 5.1 中信息技术课教师设计的特别任务，还是相关链接 5.1 中政治课教师设计的教学活动，设计起来并不是特别困难。那为什么课堂教学中常常缺少学生主体参与的教学活动呢？关键是不少教师在教学中缺少了开发新的教学任务或活动的意识。如果教师在备课时根本没有考虑过这个问题，那么上课一般只能照本宣科了，这样也就失去了调动课堂气氛的有力管理手段。如此一来，自然是课堂气氛差，教师讲得累，学生学得苦，而且教学效果也不好。其实，只要结合教学内容和学生兴趣，教师就可以设计出相应的课堂活动，从而起到活跃课堂和促进学生学习的双重效果。

---

[1] 王跃. 高效课堂的 101 个细节 [M]. 广东：广东高等教育出版社，2009：130.

点睛笔：

1. 教师可以通过设计让学生主体参与的教学活动，将教学设计与课堂管理结合起来，间接地达成课堂管理的目标。在设计课堂任务时，教师除了要紧扣教学目标，还要尽可能照顾到学生的学习兴趣，设计出兼顾学生兴趣和教学目标的典型任务。

2. 让学生参与感兴趣的实践活动，不仅能促进学生自我建构知识，还能营造良好的课堂氛围，提高课堂中师生对话的效率，推进课堂教学活动的有效开展。

6. 用学生舆论监督来引导氛围

教师在营造良好课堂气氛过程中，不时地会遇到个别调皮学生的捣乱。对于很多经常无视课堂秩序的学生而言，破坏课堂纪律成了"家常便饭"，同时他们对于来自教师的批评说教也不以为然。不过，这些学生中的大部分，都非常注重学生舆论对自己的评价，关注自己在学生群体中的形象。学生舆论对他们的影响力，有的时候要明显强于来自教师的说教。在开展课堂管理的过程中，教师可以尝试利用学生的舆论监督，来约束某些"违纪专业户"学生的不良课堂行为，从而营造更为和谐的课堂氛围。

案例 6.1　让学生帮助管理课堂

我曾经在初中生物教学中尝试利用学生帮助管理课堂，在课堂纪律较差的班收到了较好的效果。具体做法如下：课前首先跟生物科代表说好，如果上课期间，遇到同学们比较"兴奋"等不良行为出现，等老师向你使眼色的时候，科代表就在座位上大声"嘘"几下，而此时老师就在讲台上装出生气的样子，同时怒视四周，特别停留在"嘈"的地方即可。这招果然有效，在科代表"嘘"的时候，同学们的目光都会习惯性地看看老师，见到老师在注视自己，都会"安"下心来听课，这样可以起到"无声胜有声"的管理效果。[①]

[①] 李嘉倩. 生物课堂管理中应该注意的几个细节 [J]. 科学教育，2008，(5).

案例 6.1 中，教师利用学生同辈群体中存在的舆论影响力，来影响课堂中违反纪律的学生，以此来达到整顿课堂不良行为、营造良好课堂氛围的管理效果。就课堂管理的细节而言，可以从以下两方面进行分析。

第一，课前做好预案，并与科代表达成约定。在课堂教学中，要想利用学生舆论来监督部分行为失范的学生，关键的一点是要获得多数学生的配合和支持。这就要求教师在课前寻找"打掩护"的学生，并与这个（或这些）学生约法三章，形成课堂中如何处理相关情况的预案。在案例 6.1 中，教师就与科代表进行约定：当课堂中出现部分学生过于"兴奋"等不良行为时，假如教师传递出要求制止的信息——"使眼色"，那么科代表就在座位上大声"嘘"几下。当然，教师也有相应的非言语行为，如"装出生气的样子，同时怒视四周"等。

教师课前与科代表的约定，为课堂中利用学生舆论应对纪律问题埋下了"伏笔"。有了这样的课前预案，一旦课堂中出现类似的问题，教师就能按照预先商议的流程，来制止课堂不良行为。

第二，课堂上见招拆招，按照约定进行操作。有了课前做好的预案，教师在课堂上就可以根据情况来启动预案，按照预案中的约定来进行具体的操作。在案例 6.1 中，教师观察到课堂中部分学生出现了不良行为，于是，他（她）就根据预案中的约定，用眼色向科代表示意可以做出配合了。随着科代表几次大声的"嘘"，学生们注意力被吸引过来了，而教师此时也做出了相应的动作，以生气的样子特别注视发出噪音的地方。当发出响声的学生察觉到课堂中开始静了下来，并且看到教师和同学都在关注自己之后，就会在环境的影响下安静下来，并且会"安"下心来听课。

总之，在案例 6.1 中，课前做好的预案，不仅让教师在课堂上从容不迫地按照章程来实施，而且也确保了教师的课堂管理得到了学生的配合。当然，这一课堂管理方式也起到了预想的作用，即维护课堂纪律、调整课堂气氛的作用。

在这里，还有必要分析一下案例6.1中的学生舆论是什么，有没有具体的指代？表面上看，科代表或其他学生对于违反纪律的学生，并没有说什么话，要说有的话，也只有几次大声的"嘘"。实际上，学生群体中的相关舆论，并没有直接出现在课堂上，而是隐藏在学生具体的行为之中。比如，当科代表发出"嘘"声时，学生会将目光习惯性地注视教师，又如学生会跟着教师的视线，看一看被特别关注的同学。而课堂上发生的事情、师生各自不同的表现，都会成为课后学生谈论的内容。课堂上发生的事情——教师和科代表共同演绎的行为，渗透了教师的暗示和价值规范，这就会极大地影响着学生的价值判断和舆论导向。

在课堂管理的过程中，为何学生同辈群体的舆论监督，有时要比教师的说教和批评更管用？不可否认，教师对学生的价值观念和行为习惯，有着极其重要的影响。但我们也注意到，作为群体中的一员，学生同辈群体对学生个体的行为有着潜移默化的影响，而且随着学生年龄的增长，学生同辈群体对个体的影响力日趋加强。同辈群体的影响，主要体现在学生的"从众行为"。社会心理学的研究表明，在不确定的情境中，个人的行为一般会与群众中的大多数人保持一致。例如，在案例6.1中，原先处于"兴奋"状态的学生，突然感觉到老师和同学都安静下来，而且大家都把目光聚焦到自己身上。此时此刻，这个学生就会参考大多数同学的行为，让自己的行为方式符合规范，从而使自己显得"合群"，避免与同学们的行为格格不入。

正是学生会自觉不自觉地选择与群体保持一致，才保证了学生舆论对学生违纪行为有一定的约束力，甚至这种约束力有时会超过教师的说教和批评。那么，教师如何来利用学生舆论进行课堂管理呢？其中，教师需要做些什么，又需要注意些什么呢？

首先，要深入了解学生。教师要多与学生接触，尤其要学会换位思考，能够从学生角度来考虑一些问题。教师要了解学生容易受到同辈群体中哪些人的影响，在哪种情境下学生更易受到舆论影响等等。教师只有对学生有了足够的了解，才能做到有的放矢地利用学生舆论来管理课堂。

其次，要得到学生配合。教师要想利用学生舆论来管理课堂，必须要得到学生的配合。在寻找配合的人选方面，教师要进行一定的了解和比较，以确定找到合适的人选。例如，在案例 6.1 中，教师选择配合自己的学生是科代表。选择科代表作为配合者之后，教师还要与科代表进行充分的沟通，以便得到科代表的全力支持和配合。

最后，要精心做好设计。利用学生舆论来调整课堂教学环境，涉及多个方面的协调和合作。这就要求教师在课前做好精心的设计，其中包括：在哪种课堂情境下，教师应调动学生舆论来管理课堂；利用学生舆论来管理课堂的基本步骤是什么；如何选择起配合作用的学生，选好学生之后具体又需要做些什么；如此等等。

点睛笔：

　　1. 教师课前与科代表的约定，为课堂中利用学生舆论应对纪律问题埋下了"伏笔"。有了这样的课前预案，一旦课堂中出现类似的问题，教师就能按照预先商议的流程，来制止课堂不良行为。

　　2. 课堂上发生的事情，师生各自不同的表现，都会成为课后学生谈论的内容。如果其中渗透了教师的暗示和价值规范，就会极大地影响着学生的价值判断和舆论导向。当这种影响作用于课堂管理时，就能帮助教师营造良好的课堂环境。

　　3. 学生同辈群体的影响，主要体现在学生的"从众行为"。当违反课堂纪律的学生意识到大家都在关注自己时，就会参考大多数同学的行为，让自己的行为方式符合规范，从而使自己显得"合群"，避免与同学们的行为格格不入。正是学生会自觉不自觉地选择与群体保持一致，才保证了学生舆论对学生违纪行为有一定的约束力，甚至这种约束力有时会超过教师的说教和批评。

二、课堂秩序的建立维护

课堂秩序的好坏是衡量课堂管理成效的基本指标。课堂秩序的建立与维护，是课堂管理重点关注的内容，它主要体现在课堂制度和规范的制订建立，以及在课堂中贯彻落实制订好的制度和规范，并且在这个过程中调整好学生的行为规范。正如著名特级教师于永正所说："儿童的天性是好动、好说、好问，有人一刻也坐不住，低年级的儿童不懂什么叫'权威'，什么叫'尊重'，什么叫'民主'，所以一定要给他们立规矩。是规矩，就要和学生约法三章——上课应该怎样做，不能怎样做，违反了，老师要怎样处分等。"

（一）课堂规范的制订建立

课堂秩序的载体是课堂制度和规范。做好课堂规范的制订建立，是良好课堂秩序的前提和保证。作为课堂管理者的教师，必须在接手新班级时就考虑建立课堂制度规范，制订符合学校规章制度和班级学生特点的课堂行为标准，预见、调整和排除影响课堂教学进行的各种因素，以维持课堂教学的稳定运行，不断适应各种新的课堂情境。

7. 课堂规范建立在秩序混乱前

课堂规范和课堂制度是师生在课堂中要遵循的准则，是建立和维护良好课堂秩序的有力保障条件，是课堂管理的重要内容。一般来说，课堂规范是用来预防和制止课堂失范行为的，它应该在课堂秩序混乱之前就要制订好，并且让学生认同和遵守。课堂制度的制订一般都是有章可循的，课堂制度的颁布和说明似乎也并不困难，但让学生内心真正认同和自觉遵守，形成在课堂发挥作用，能够有效指导学生行为的规范，则需要师生较长一段时间的磨合。下面，我们将结合案例7.1，来具体分析课堂规范与课堂混乱之间的关联，以及在这个过程中课堂管理需要注意的细节。

案例 7.1　信息技术课的课堂怎么这么乱

赵老师毕业于某师范大学计算机系，应聘到某市一重点中学担任信息技术教师。今天是她上课的第一天。对于上课，她并不怎么害怕，因为她在学校是个好学生，用功、认真、听话、成绩好，最主要的是她觉得喜欢教师这个职业。

马上就要上课了，今天的课，赵老师已经备好。前两天，她拿着自己的教案向学校的一位老教师请教，依照这位教师的意见做了修改。修改后，赵老师在家里进行了模拟教学，直到自己满意为止。上课铃响了，赵老师胸有成竹地走进了计算机教室。学生们都安静地坐在位置上，赵老师很满意，她微笑着与学生们互相问候。然后，她宣布了本学期信息技术课的要求，以及学生在课堂上应遵守的准则。开始上课了，她用流利的普通话把准备好的知识点依次呈现给学生，学生们很安静，她觉得自己控制好了课堂。

不久，情况发生了变化，有几位学生在按键盘和鼠标，还有几位开始交头接耳，有的开始走神……虽然大多数学生还在认真听课，但赵老师还是有些生气。她有半分钟没说一句话，学生们停止了手中的"私活"，安静地看着她。她又接着讲，几分钟后，计算机教室里按键盘和鼠标的"噼啪"声、小声说话的"嗡嗡"声越来越大……赵老师再也抑制不住了，她大声问："张力，你在干吗？不要再按鼠标！"张力也不甘心地说："我们要上机。"全班哄堂大笑。她压住怒火，说："等我讲完再上。"便草草地讲完了教学的内容。①

案例 7.1 中，几度出现课堂纪律问题，课堂秩序最终也不再在教师的可控范围之内。可以说，教师的课堂管理并未取得理想的效果，影响了课

---

① Gaowj. 中小学信息技术课课堂管理四个案例[EB/OL]. http://www.hgjys.net/xkzy/ShowArticle.asp? ArticleID=7452.

堂教学的正常开展和教学质量。实际上，教师的课堂管理并不是完全没有可取之处，但为什么最后只能选择硬着头皮来讲课呢？下面，我们对案例中教师的课堂管理细节，进行简要的分析。

第一，刚开始上课时，主动宣布了学生在课堂上应遵守的准则。案例7.1中，赵老师的课堂管理并非全无可取之处。比方说，在课前对上课的内容进行充分的准备；在备好课的基础上，请学校一位老教师对自己的教案提出意见并做了修改；在家里进行多次模拟教学；等等。又如，当上课铃响起之后，赵老师胸有成竹地走进教室，面带微笑与学生互相问候。应当承认，作为新教师的赵老师，无论在备课方面，还是进入课堂的神态，以及正式上课前的师生互动，都做得有板有眼。就课堂规范的制订与建立来看，赵老师也是有所考虑的。在师生互相问候之后，赵老师就马上宣布了上课要求和课堂准则。课堂准则的宣布，对接下来一段时间的课堂教学起到了一定的作用。赵老师一度都觉得自己已经控制好了课堂。但问题是，课堂规范仅仅靠口头宣布课堂，就能一劳永逸地建立好了吗？

第二，当课堂中出现学生开小差时，教师用沉默来提醒学生。我们常说，计划赶不上变化。对于变化着的课堂情境，教师不能以不变应万变，而是要及时调整课堂管理策略。案例7.1中，随着课堂教学的推进，一开始井然有序的课堂发生了变化——"有几位学生在按键盘和鼠标，还有几位开始交头接耳，有的开始走神"。对于这种情况，教师理所当然地要采取相应的措施。案例中教师的管理措施是：表现出生气的样子，并且半分钟没说一句话。教师试图以无声的方式来提醒学生要注意纪律。虽然，违纪学生表面上也配合了教师，但由于教师没有用口头语言提醒学生应该做什么，再加上有的学生对新颁布的课堂准则还没有认同并内化为自己的行为守则，故而，暂时恢复的课堂秩序是很难持久的。

第三，当课堂混乱且控制不住之后，便压住怒火草草结束讲解。案例

7.1中，教师最终对课堂失去有效控制，其原因固然与信息技术课本身的特点有关，但也与教师课堂管理不力脱不了关系。诚然，信息技术课需要学生上网完成一些操作，但学生上网干些什么，教师又很难监控和管理到位，学生可能自作主张地聊天、看自己喜爱的网页，而不理睬教师布置的任务。案例7.1中课堂出现不和谐的"杂声"，就与学生不等教师指令、不管教师还在讲课，就开始上网有直接的关系。当课堂中的"杂声"越来越大的时候，教师再采取管理措施已经失去了最佳时机，在课堂变得混乱之后，再来重整课堂秩序，无疑比课堂混乱之前就及时调整要难得多。

案例7.1中，当赵老师再也抑制不住自己情绪而大声质疑学生张力时，学生张力也用言语来"回击"教师——"我们要上机"道出了原因，也引起了全班学生的哄堂大笑。这样的情况多少出乎了赵老师的意料，比起全面爆发自己的怒火，或是愤而出走不顾其他学生，作为新手教师的赵老师只是压住怒火、草草结束讲授这一环节，似乎并不是令人难以接受。不过，不管怎么说，赵老师还是缺乏课堂管理经验，如此的处置并不算有效制止了课堂混乱，也没有让课堂规范真正建立起来。

但更好的课堂管理措施有哪些呢？其实，赵老师可以说："大家这么一笑啊，也让我认识到自己讲的内容有点枯燥。相信很多同学已经作了预习，接下来就请一位同学来交流一下学习心得。既然张力同学已经迫不及待地开始上机，那么就请他来讲一讲吧。大家觉得怎么样呢？"大家也不妨换位思考一下，应该可以想出更为高明、得当的方法。

总之，一纸课堂准则，或是口头宣布课堂守则，并不意味着课堂规范的建立。我们知道，"课堂管理"不只是控制行为、协调关系，而是潜移默化地影响着被管理者的情感和人格。故而，我们要构建的"课堂管理"，就应是能潜移默化地培养学生严谨踏实学风、自律规范学习习惯的管理。[①]因而，课堂规范的建立过程，是师生之间相互交流和相互了解的过程，在某种程度上也是互相博弈的过程。只有当制订好课堂制度，被学生内心所认同，成为学生自觉遵守的课堂守则，课堂规范才能算真正建立起来。

> **点睛笔:**
>
> 1. 我们常说，计划赶不上变化。对于变动不居的课堂环境，教师不能以不变应万变，而是要适时调整课堂管理策略。否则，课堂混乱是在所难免的。
>
> 2. 当课堂中的"杂声"越来越大时，教师已经失去了课堂管理的最佳时机。在课堂变得混乱之后，再来重整课堂秩序，无疑比课堂混乱之前就及时调整要困难很多。
>
> 3. 课堂规范的建立过程，是师生之间相互交流和相互了解的过程，在某种程度上也是互相博弈的过程。一纸课堂准则，或是口头宣布课堂守则，并不意味着课堂规范的建立。只有当课堂制度成为学生自觉遵守的课堂守则，课堂规范才能算真正建立起来。

---

① 程核红. 关乎细节 运用策略——"课堂管理"细节优化的策略研究［J］. 中小学教师培训，2010，(2).

8. 课堂规范要有正面引导功能

课堂规范在文字表述上，有"应该做些什么"这样的表述，也有"禁止做些什么、否则会受到什么处罚"这样的表述。换句话说，课堂规范会倡导某些行为，具有正面引导的功能，也会明令禁止某些行为，具有行为约束功能。在实际的操作中，课堂规范时常会被表述成"不能做什么"，以及附加之上的惩罚措施，而忽视了内蕴课堂规范之中的行为引导功能。

相关链接 8.1　制订合理的学习规范

现在不少教室的墙上贴着"班级公约""班规"等内容，这些班规上几乎都写着"积极参与课堂教学，遵守课堂纪律"等字眼。还有的班级制订更为详细的规定，即违反常规，就会受到怎样的惩处，如小组扣分扣星，或罚做值日生，或请家长来校联系等等。这些处罚管束了学生"不要做什么"，却不能引导学生"要做什么"。

合理的行为规范，既是课堂教学效率提升的主要因素，也是培养学生良好学习习惯的重要途径。现在课堂上维持教学秩序的纪律较多，而引导学生优化学习方式的行为规范较少。我们经常会在课堂上听到"谁再讲话，就站着听课""谁听课不认真，下课就站到办公室去"，这些言语在教师看来或许能起威慑作用，而在学生听来，则易陷入恐惧、害羞、自尊心受挫的心理状态，这样会使学生更难于集中注意力。①

相关链接 8.1 叙述了课堂规范制订过程中的一个误区，即过于强调课堂规范惩戒不良课堂行为的一面。相关链接 8.1 中描述的课堂规范，几乎成了惩罚违反课堂规则学生的措施，而对课堂规范的积极行为引导方面却没有顾及。显而易见，如此制订的课堂规范，在正面引导学生课堂行为方面的作用是受到很大限制的。其实，不仅在课堂规范制订的过程中，要考虑多用正面引导的语言，而且在实施过程中，教师也需要多用正面引导的方式来促进课堂规范的内化。

案例 8.1　当课堂上传来了学生的说话声

那天张老师执教的是三年级的科学课，课题是"把瓶子里的气球吹大"。铃声响过，张老师对学生说："今天我们一起来做个科学研究，先看张老师做，仔细观察，等会告诉大家，你看到张老师做了什么？"他像变戏法似的从桌子底下拿出一只空矿泉水瓶子，又从口袋里掏出一只气球，将气球放进瓶子内，并吹大了。

接着张老师对学生说："大家也有空瓶子和气球，想不想也来试试？"孩子们开心地说："想！"有的学生边回答边动起手来，有不少学生止不住与同学说起话来，见此情况，张老师马上对学生说："我们这节课主要动手做，动脑想，现在大家的任务就是动手把瓶子里的气球吹大，看谁先把气球吹大。"听张老师这么一说，教室里马上安静下来了，学生动起手来。

不一会儿，教室里又渐渐有学生的说话声了，张老师问："不是说用手做，不说话的吗？"胆大的学生说："老师，我怎么吹也吹不大。""老师吹大了，同学们想想看，你们为什么吹不大？能不能想想办法？不准讨论，只能自己研究。"一会儿，有两个地方有小小的声音出来了，张老师

---

① 程核红. 关乎细节 运用策略——"课堂管理"细节优化的策略研究 [J]. 中小学教师培训, 2010, (2).

说："哟，吹大了，不能说话，把你的办法先用图画出来，再写出步骤，等会上台介绍。"教室里又恢复了安静……①

案例8.1中，科学课张老师执教课题"把瓶子里的气球吹大"。教师先是做示范，然后让学生自己来尝试。在学生自己尝试的过程中，多次出现了"违规"说话的声音。面对这种状况，张老师多次及时地强调了课堂规范，并明确了学生接下去的任务要求，从而确保了课堂秩序的稳定和课堂教学的实施。下面，我们将结合案例，来具体分析张老师如何利用课堂规范的正面引导功能，不断地推进课堂规范建设的管理细节。

第一，当发现有学生在说话时，教师马上强调课堂规范。案例8.1中，教师示范吹瓶子里的气球之后，让学生们自己动手来吹气球。教师的话音刚落不久，就发现不少学生开始交头接耳说起话来。看到这种情况，教师肯定明白这些说话的学生暂时忘记了课堂纪律。这个时候，教师觉得有必要在课堂混乱之前，及时地强调一下课堂规范，以避免课堂秩序失去控制。于是，张老师就对学生说这节课的课堂规范——"主要动手做，动脑想"，言下之意就是要"动脑动手不动嘴"。之后，教师还对学生的行为提出要求，不但说了当下的任务，而且表示自己会关注先把气球吹大的学生。果然，在教师采取这一课堂管理措施之后，教室里就变得安静了，学生也都动手做任务了。

第二，当教室又传来学生说话声时，教师提出不准讨论。案例8.1中，在教师强调课堂规范之后，虽然一时之间稳住了课堂秩序，但没过多少时间，教室里又渐渐传来学生的说话声。针对这一情况，张老师采取了相应的课堂管理措施，即提醒学生自己已经说过"用手做、不说话"的要求。不过，教师前面布置的任务可能有不小的难度，有些学生暂时还做不到，

---

① 赵国忠. 透视名师课堂管理——名师课堂管理的66个经典细节[M]. 南京：江苏人民出版社，2007：33.

或者没法做到把瓶子里的气球吹大。胆大的学生甚至直接跟教师说出了这一问题。对于此，教师显然不能只强调课堂纪律，而是要进行相应的指导或引导。案例中的教师要求学生回想教师的操作方法，再自己想办法把气球吹大。当然，在说完这些话之后，教师又再次强调了课堂纪律，提出了学生的行为要求，即"不准讨论，只能自己研究"。这样，说话的学生也就知道了要注意自己的课堂行为，更重要的是，他们知道了如何去改善自己的课堂行为。

第三，当听到有小声音发出来时，教师又要求不能说话。案例 8.1 中，教师再次强调课堂纪律后，课堂秩序又稳定了一段时间，但过了一会儿之后，教师又发觉"有两个地方有小小的声音出来了"。这一情况又引起了张老师的高度重视，并马上采取了相应的课堂管理措施。张老师没有对学生说话，进行简单的否定和批评，而是先进行仔细的观察。张老师找到了学生这一次说话的原因，即有的学生已经把气球吹大了。于是，张老师在规范课堂纪律时，又提出了有针对性的要求：一是针对吹大气球的学生，用肯定的语气进行表扬。张老师具体的说法是"哟，吹大了"。二是又一次强调要注意课堂秩序，即"不能说话"。三是对已经吹好气球的学生，提出了具体的要求，即"把你的办法先用图画出来，再写出步骤，等会上台介绍。"在张老师环环相扣的明确要求之下，课堂秩序得到了有效的控制，教室里又恢复了安静。

总之，在案例 8.1 中，教师几次在课堂出现混乱征兆的时候，不仅重申、强调了课堂纪律，而且还对学生的行为进行正面引导。教师重视正面引导的课堂管理措施，有效地维护、强化了课堂规范，同时避免了课堂秩序变得一发而不可收拾。

点睛笔：

  不少课堂规范过于强调惩罚，几乎成了惩罚违反课堂规则学生的措施。其实，教师不仅要在课堂规范中多用正面引导的语言，而且在实施过程中，也要加强对学生课堂行为的正面引导，从而促进课堂规范的内化。

9. 师生共同商讨制订课堂规则

制订课堂规则是建立课堂规范的首要环节。不少教师认为，制订课堂规则是教师的事情，甚至是教师的专利，学生则没有必要参与课堂规则的制订。实际上良好的课堂规则，不能由教师凭借权威单方面自行制订和宣布；而应该在教师的引导下，师生双方积极展开对话，共同协商和制订。这是因为，学生参与制订的课堂规则，更加符合学生实际，更能得到绝大多数学生的认可，这样对学生更具有内在的约束力。

案例 9.1　新物理老师与学生的约定

初二时开了物理课，同学们对这门新课都非常感兴趣。加之这门课是一位经验丰富的老教师——王老师，同学们就学得更起劲了。但好景不长，王老师的女儿患了急性肝炎，他请假去照顾女儿了，所以就由刚毕业的李老师接替王老师继续教我们班物理。很多同学习惯了王老师的讲法，都觉得李老师讲得不如王老师好，于是有些同学便开始在物理课上讲起话来。不久，物理课上讲话成风。

有一天，李老师并没有立即开始上课，他放下备课本，然后说："有一个问题需要同学们配合我才能解决。在我的课上，讲话的人太多。这样不但影响了物理课的进度，而且长此以往还会影响到同学们的学习。所以，今天我们讨论一下如何解决这一问题。我知道同学们在上课时有说话的需要，让我们一起来想一想，有什么办法既可以满足你们说话的需要，又不影响上课呢？我提出一些建议，你们也可以尽量提出来。我们把这些解决方法写在黑板上，暂时先列出来不做任何评价，然后我们共同商量，把其中你们和我认为不合适的方法删去。"

不久，黑板上列出了以下内容：①惩罚在课上随意说话的同学。②重新安排座位。③当老师不讲话时再讲话。④每节课规定一定时间用于自由交谈。⑤低声耳语。⑥只许口头讨论时讲话。⑦随时想讲话就讲。⑧绝对不许讲话。

当没有人再提议时，老师说："现在删去我们觉得不合理的建议。我要删去⑥、⑦项。"后来有同学提议删去①、⑤、⑧项。老师说："现在我们来讨论剩余的项目。对'重新安排座位'这一建议，大家看法如何？"稍经讨论，大家同意删去此项。老师又说："那'每节课规定一定时间用于自由交谈'，如何？"无人反对。对于"低声耳语"，同学们觉得不合适，同意删去。

最后老师说："那剩余的项目就是我们解决问题的方法了，还有谁想增加建议吗？没有？好，那么请同学们自觉遵守我们共同商议出的方案，希望不要再出现在课上随意讲话的现象了。"之后，李老师就开始上课了。对于师生之间出现的冲突，李老师采取了与学生沟通的方式，值得欣赏和借鉴。①

案例9.1中，李老师临时接替一个初二班级的物理课，但未想到的是课堂上学生无心听讲、讲话成风。针对这种情况，李老师的课堂管理措施是与学生共同商讨解决方法，最后形成大家认可的课堂纪律公约。在这个过程中，李老师的课堂管理细节可以从以下方面来分析。

第一，针对课堂上讲话的问题，教师提出与学生共同商讨课堂规则。

---

① 马瑞. 师生冲突化解的艺术——我的学生经历与思考 [J]. 新课程研究, 2010, (3下).

案例9.1中的李老师是刚刚毕业的新手教师，难免存在教学与管理经验不足的问题。李老师中途接手的是一个初二班级物理课，在他接手这个之前，是由经验丰富的老教师王老师进行授课的，这样一来学生难免要进行比较。学生认为他讲课不如王老师好，于是，学习积极性受到了打击，有些学生就不自觉地在课堂上随便讲话。一开始，李老师可能没有找到有效的管理办法，这使得一段时间之后课堂变得混乱起来。

对此，李老师利用某一天正式上课前的时间，郑重其事提出要与学生共同协商来解决课堂纪律问题。在他的话语中，他先是提出有一个问题需要大家配合才能解决，即课堂中讲话的人太多。接着，他又分析了上课随意讲话的负面作用，之后，他话锋一转，承认学生有上课说话的需要和权利。由此，他提出解决这一问题的目标——即既满足大家说话的需要，又不影响上课。最后，他提出了制订新的课堂规则的程序和要求。

第二，将大家提出的方法罗列在黑板上，制订大家认可的课堂规则。案例9.1中，李老师发动学生共同制订课堂规则，这个过程经历了两个环节：一是教师和学生运用"头脑风暴法"，对新的课堂规则提出建议，并且罗列在黑板上。在这个环节，大家可以畅所欲言，提出自己认为可行的方法，而且其他人暂时不作评价。经过一番思考，师生共提出8条课堂规则。二是师生共同讨论前面提出的8条规则。首先，教师删去了自己觉得不合理的⑥、⑦这2项规则。其次，有的学生提议删去①、⑤、⑧项这3条规则。最后，经由师生共同讨论，又删除了第②项，这样最后留下了③、④这两项。

在课堂规则的出台过程中，教师很好地运用了课堂民主，让学生充分发挥积极性主动性，参与课堂规则的制订。在商讨的过程中，最初提出了8条方法，到最后则只剩下2条方法。表面上看，这似乎是做了不少无用功。但我们需要注意到的是，删除大家认为不合适的6条方法的过程，也是让全班学生深刻认识课堂纪律和课堂行为守则的过程。剩下的2条课堂规则，体现出"少而精"的特点。

第三，提出要求，希望参与规则制订的学生自觉遵守商议出的方案。课堂规则的制订不仅仅是课堂制度建设的需要，更重要的是，制订的课堂制度要成为学生内心认同和自觉遵守的规范。因而，制订口头上或文字上的课堂规则，只是课堂制度建设的第一步，更关键的一步是要促使其蜕变成引导学生良好行为的、内在的课堂文化、学生文化。案例9.1中，李老师大张旗鼓地发动学生共同商讨课堂规则，其目的是为了能够切实解决课堂上随意讲话的问题。在课堂规则商讨出来之后，李老师要求学生自觉遵守共同商议出的方案，并且希望今后的课堂不再出现随意讲话的现象。我们有理由相信，在以后的课堂中，学生能够很好地遵守亲身参与制订出来的课堂规则。

总之，案例9.1中的李老师针对棘手的课堂纪律问题，采用师生共同商讨的方法，制订出了学生广泛接受的课堂规则。应该说，相对于教师以专断的方式宣布课堂纪律，如此制订课堂规则的方法，是颇具新意的，对学生来说也是比较新鲜有趣的。当然，这种师生共同商讨课堂规则的方法，不仅是解决课堂纪律痼疾的"良方"，也可推而广之，将之应用于平常制订课堂规则和制度的全过程。

点睛笔：

  1. 良好的课堂规则，不能由教师凭借权威单方面自行制订和宣布，而应该在教师的引导下，师生双方积极展开对话，共同协商和制订。相对于教师强硬、专断地宣布课堂纪律，师生共同制订课堂规则是颇具创意的，对学生来说也是比较新鲜有趣的。而且，学生参与制订的课堂规则，更加符合学生实际，更能得到绝大多数学生的认同，对学生也更具有内在的约束力。

  2. 课堂规则的制订不仅仅是形成表面的课堂制度，更重要的是要让学生内心认同和自觉遵守课堂制度。因而，制订口头上或文字上的课堂规则，只是课堂制度建设的第一步，更关键的一步是要促使其蜕变成引导学生行为的、内在的课堂文化和学生文化。

10. 设计课堂开始与结束的方案

课堂教学有一定的程序和环节，在课堂教学的不同阶段，课堂管理的关注点和关注力度也有所不同。在课堂教学的"一头一尾"，即上课开始的几分钟和即将结束的几分钟，存在着诸多不稳定的因素，教师一旦处理不当，就会对课堂秩序产生不良影响。作为课堂管理者的教师，在开展课堂管理时，需要重点关注这两个时间段。教师要有针对性设计好上课和下课的程序或管理方案，管理好课堂教学的"一头一尾"。

案例 10.1 开始上课的几分钟

场景 A

一位教师热情地向走进教室的学生打招呼，并由此开始一天的课程。这位教师之前曾告诉过学生在进入教室后，应该直接走向座位，拿出需使用的教学材料，并解答黑板上的问题。那些没带教学材料的学生，不能打扰正在问候其他人的教师，因为教师之前就告诉过他们应该如何处理这种情况。上课铃响后，教师开始考勤，而学生们集中注意力，开始上课。在接下来的 10 分钟内，有两位学生走进教室，但教师并没有停止讲课，因为学生们知道该如何处理迟到情况——准确记录迟到信息，但不能妨碍正常教学。

场景 B

再来看另一位教师，在学生进入教室时，他还坐在办公桌前抓紧最后

1分钟备课，有些学生走向座位，有些则聚在一起聊天。上课铃响后，教师抬起头来，对学生说："不要说话了！都回到各自座位坐好！现在开始上课！"这样唠叨了两分钟，学生们终于回到了各自的座位，教室也稍微安静了，这时教师让学生拿出课本，又花了几分钟告诉没带课本的学生应该怎样做，下次要记住云云。在上课铃响5分钟后，这位教师终于开始授课，在接下来的5分钟内，有两名学生陆续走进教室，每次教师都要中断讲课，询问学生迟到的理由，并记录下来。①

案例10.1中描述了两个刚开始上课时的教学场景。场景A当中，教师对开始上课时可能遇到的情况设计了管理方案，并且让学生知晓如何规范自己的行为。虽然遇到了两个学生迟到的情况，但并未打断教学节奏，影响教学进程。场景B当中，教师对于上课开始一段时间的课堂管理没有预先设计，遇到需要处理的问题时，则临时地"见招拆招"，这样对课堂教学开展造成了较大的负面影响。下面，我们将结合两个场景，来具体分析在上课开始几分钟前后，课堂管理需要注意的细节。

第一，上课开始几分钟的课堂常规管理。在课堂教学正式开始前后的几分钟，有不少常规性的课堂管理工作，教师需要预先设计好这一时间段的管理程序，并且要让学生明白如何按照要求来规范自己的行为。

场景A中，教师显然设计了上课开始部分的课堂管理准则，而且学生也明白在不同情况下，自己应该做些什么。首先，在马上要上课的时候，学生要走向自己座位，准备好教学材料，以及解答黑板上的问题。在这个过程中，学生要做一些规定的准备工作，且不允许与他人交头接耳。至于那些忘记带教学材料的学生，也知道自己该怎么处理这种情况，在自己解决问题的时候，还不能打扰正在忙着的教师。其次，当上课铃响起来后，

---

① ［美］兰德尔·斯普瑞克. 高中课堂管理——行为管理的9项策略［M］. 北京：中国青年出版社，2011：88~89.

教师和学生"各司其职",教师开始考勤,学生则要求集中注意力,为上课做好准备。接着,课堂教学自然其然地开始了。

场景 B 中,教师对即将进行的课堂教学缺乏管理上的准备。首先,在上课前的几分钟没有引导学生做课前准备。一般来说,教师要提前几分钟来到教室,以便引导学生做些课前准备工作。场景 B 中的教师虽然也提前来到教室,但是却坐在办公桌上备课,对于学生在做些什么则没有放在心上。由于教师以前没有告诉学生应该如何准备上课,而上课前教师又忙于自己的事,这样造成有些学生聚在一起聊天,也不知道做一些课前准备。其次,上课铃响起后,教师忙于强调课堂纪律。可能是有的学生在上课前就开始聊天,上课铃响起后还谈兴正浓,这使得教师花了两分钟反复强调不要说话和回到座位,才使得教室变得安静一些。最后,在让学生拿课本这件事上浪费了时间。在教室有些安静之后,教师让学生拿出课本准备上课。但是,有的学生忘记了带课本,教师只能又花几分钟时间来处理这件事。这样一来,直到上课铃响了 5 分钟,教师才能够开始正式授课。

第二,上课开始几分钟的特殊情况管理。上课开始一段时间,也会发生一些相对特殊的情况,这时也需要教师进行有效的课堂管理。相对于课堂常规管理,特殊情况管理并非每节课都会遇到的,但有的"特殊"情况不仅时有发生,而且也可事先设计管理预案。比如说,学生上课迟到问题。

场景 A 中,教师对于学生上课迟到这一常见现象,显然事先设计了课堂管理方案——迟到的学生需要自己登记相关信息,但不能影响同学和教师,而教师在课堂上对此不作处理,而是继续抓紧时间上课,从而保证课堂教学进程的顺畅和教学的效率。场景 B 中,教师对于学生上课迟到没有预设管理方案。这样,迟到的学生就不会悄悄地进入课堂,也不懂得自己安静地登记好有关的信息,减少对课堂教学的影响;而教师则只得中断讲课，一边询问学生迟到的理由，一边做好记录。如此，每一个学生迟到都会干扰课堂教学的进程，浪费宝贵的课堂教学时间。

总之，场景 A 中的教师针对课堂教学开始这一时间段，设计了比较完善的管理方案，并且让学生知道应该如何规范自己的行为，因而，无论是学生的课前准备，还是迟到学生的登记，都做到了井然有序，体现了一种秩序的美感。场景 B 中的教师则准备不足，尤其是没有告知学生如何准备上课，以及迟到了要做些什么，这样一来，课堂教学一开始教师不仅劳神费力地应对各种情况，而且还浪费了不少时间。

相关链接 10.1　上课最后几分钟的安排

每节课的最后几分钟最好安排教师主导的教学活动，如果在此时安排学生独立活动，他们很可能开小差或不遵守纪律，这种行为如果得不到制止，这节课的最后几分钟就被浪费了。在活动进入尾声时，教师需再次集中学生注意力，讨论一些普遍存在的问题并布置课后作业，强调作业要求或者提醒学生及时完成其他即将上交的作业。教师还可以通过点名让学生回答问题获得额外加分的方法，使学生的注意力一直放在学习上，直到下课。[①]

相关链接 10.1 中，讨论了上课结束几分钟课堂管理的注意事项和有关建议。相关链接中提出，到了快要下课的时候，学生的注意力开始分散，这个时候最好不要安排学生独自进行的活动。在这个时间段，教师要加强对教学活动的主导，可以提问学生，可以布置课后作业，也可以交代一些事情。一句话，教师对于课堂最后几分钟的管理，也要做到心中有数，要进行精心的设计安排，以避免出现课堂纪律问题，浪费有限的课堂教学时间。

---

① ［美］兰德尔·斯普瑞克. 高中课堂管理——行为管理的 9 项策略［M］. 北京：中国青年出版社，2011：77～78.

点睛笔：

1. 教师要针对开始上课时可能遇到的情况设计管理方案，并且让学生知晓如何规范自己的行为。这样，当上课铃响起来后，教师和学生"各司其职"，无论遇到什么情况，都能做到井然有序，体现一种秩序的美感。

2. 如果教师对于上课开始一段时间的课堂管理没有预先设计，遇到需要处理的问题时，只能在准备不足的情况下"见招拆招"，这样教师不仅要劳神费力地应对各种情况，而且还会浪费不少宝贵的教学时间，极大地干扰课堂教学的有序开展。

（二）课堂纪律的执行落实

课堂制度和规范的建立和形成，绝不是"纸上画画、墙上挂挂"那么简单。要想让课堂制度和规范发挥出应有的作用，必须根据课堂教学的相关场景予以贯彻落实。课堂制度和规范的执行落实，涉及多个方面，包括课前准备活动的检查，对旷课、迟到现象的处理，对课堂上违反纪律行为的处理等等。无疑，课堂纪律的维护执行是课堂制度和规范执行落实的重点。

11. 课上纪律问题课下具体处理

在课堂教学中，经常会出现学生违反纪律的情况。一般情况下，教师都应该做出相应的处理，对违反纪律的学生进行教育批评或惩罚。但是，我们知道课堂教学的时间是非常有限的，有些课堂纪律的处理可能要耗费不少的时间。在这种情况下，教师就要学会判断和取舍，是花大量时间非要把课堂纪律问题解决干净利索，还是在课堂上简单地处理或是不去处理影响不大的纪律问题，到下课之后再花精力进行具体的处理？课堂管理的经验表明，为了保证教学活动正常的开展，对于某些课堂纪律问题，教师没有必要浪费过多的教学时间当堂处理。

案例 11.1 我没有在课堂上睡觉

小吴老师担任高一（1）班到高一（5）班的地理教学，由于所教班级是 B 层次班，后进生比较多，很多学生上课总是睡觉。为了管好课堂纪律，杜绝上课睡觉现象，他跟学生约法三章：凡是上课睡觉的（身体不舒服者除外），一经发现，就到教室后面站 5 分钟清醒一下。这个办法实行了一段时间，还算顺利。但有一次，出问题了。

一天，小吴老师在 2 班上课。开始上课不久，看到陆某把头伏在桌面上，于是吴老师像往常一样，叫他起来到后面站 5 分钟。

陆某把头抬起来后，坐着不动，说："我没有睡觉。"

吴老师说："做人应该诚实一点，做了就要承认嘛！"

但陆某还是说没有睡觉。

吴老师有点来气了，说："明明看到你在睡觉，还不承认，要不让你周围的同学说，你有没有睡觉？"

他旁边的同学都说他在睡觉，但他争辩说只是把头伏在桌子上，并没有睡觉。

吴老师说："就算你没睡觉，但把头伏在桌面上，跟睡觉有什么区别？"但他仍坚持自己没有睡觉，就不用站到后面去。

吴老师说："旁边的同学都证明了你是在睡觉，你也不用再狡辩了，纪律是人人都要遵守的，其他的同学违反了都站到后面去，为什么你就不肯？"

他仍然不去。吴老师很生气，说："没有人可以例外的，我就在这里等着，等你站到后面去以后我再讲课。"

其他的同学也纷纷加入了声讨陆某的行列，叫他快站到后面去，不要影响上课，但他依然不为所动。

就这样,他们两人相互默默地对峙着,在同学们的低声埋怨中耗完了一节课。

课后,吴老师把事情向2班班主任做了反映。第二天,陆某把一封检讨书交到吴老师手上。但从检讨书上不难看出,学生根本就没有检讨之意。①

案例11.1中,吴老师在上课过程中发现学生陆某把头伏在课桌上,于是吴老师就执行课堂纪律,要求陆某到教室后面站5分钟。没想到陆某认为把头伏在桌子上不算睡觉,不睡觉就不用站到教室后面去,而吴老师则坚持自己的做法。师生双方都不让步,最终一节课的时间就白白浪费掉了。在这个过程中,且不论学生陆某的行为是否可取,吴老师的课堂管理在细节上存在以下几个问题。

第一,课堂规则中对"睡觉"没有明确的界定。案例11.1中,吴老师任教的5个班级课堂纪律较差,学生上课睡觉比较常见。吴老师为了维护课堂秩序,就提出了一条针对性的课堂纪律要求,即上课睡觉的学生要到教室后面站5分钟。吴老师这一做法,对学生上课睡觉这一现象进行了干预,能够在一定程度上提高课堂教学效果。但问题在于,认定"睡觉"的标准是什么,规章制度没有说明,也没有口头的解释。这样难免会让个别学生钻空子,比如有的学生可能认为趴在桌上没有睡着就不算睡觉。撇开这条课堂制度,对于学生课堂睡觉问题,教师不仅要从学生身上找原因,更应该反思自己的教学是否缺乏吸引力,是否缺乏必要的"调剂"。只有提高教学的吸引力,激发学生的兴趣和动力,才能从根子上解决课堂上学生睡觉问题。

第二,当学生利用规则中漏洞时过于坚持己见。案例11.1中,学生陆

---

① 张彩云. 初为人师第一年(中学版)[M]. 北京:中国轻工业出版社,2010:150~151.

某在课堂中把头伏在课桌上,这一行为被吴老师抓了个现行。根据已经颁布的课堂制度,吴老师要求学生陆某到教室后面站 5 分钟。但没有想到的是,学生陆某认为自己没有睡觉,而且仍然坐在座位上,拒绝站到教室后面去。而吴老师觉得,既然学生陆某在课堂上睡觉了,那么就必须照章处理,不能搞特殊。哪怕只是把头趴在桌上没有睡着,也要接受惩罚。在课堂管理上,吴老师过于坚持己见,也就使得在强调课堂制度刚性的同时,失去了应有的灵活性。

第三,与学生赌气,浪费宝贵的课堂教学时间。案例 11.1 中,学生陆某拒不认错,吴老师也是不肯后退一步,在与学生争辩的过程中,吴老师还失去了冷静,表现出非常生气的样子。更为严重的失误是,吴老师还不惜浪费全班学生的时间,与学生陆某斗气、赌气,吴老师言道,要等到学生陆某站到后面去才开始上课。而学生陆某估计是一个非常有个性的学生,他坚持认为自己没有睡觉就不用站到后面去,尽管有教师的劝导、批评,尽管有同学们的不满、声讨,但还是不为所动,依然故我。于是,宝贵的教学时间在师生双方的对峙中慢慢消耗,直至下课。

案例 11.1 中,吴老师在学生陆某那里执行课堂制度时,遇到了大问题,而且吴老师也很难独自处理好这件事。下课以后,吴老师只得把问题抛给了班主任。班主任应该与学生陆某有过接触,并且让陆某写了一封检讨书。第二天,吴老师收到了学生陆某的检讨书,不过,学生陆某尚未认识到自己的问题,在检讨书中没有表现出认错和悔改之意。

无疑,吴老师的课堂管理是失败的。我们要思考的是,吴老师为什么与学生一样"顽固"?或许是吴老师认为只有坚持惩罚学生,才能维护课堂制度的权威,维护自己的师道尊严。殊不知,当遇到短时期不能处理的课堂纪律问题时,教师就需要作一个权衡,是继续花时间来执行课堂纪律,还是把这个问题留待课后来处理,以保持课堂教学能够正常开展。案例中的吴老师，在这方面没有作出正确的取舍，没有让自己退一步海阔天空。

下面，我们将分析探讨案例 11.2。这个案例中的教师，把上课遇到的较为棘手的纪律问题，放到课后进行具体的处理。这样做，不仅没有浪费课堂教学时间，而且，教师还借题发挥，召开主题班会，起到了良好的教育效果。

案例 11.2　板凳上的钉子

某班学生做完早操回到教室，刚要到自己的座位上，忽然有人发出"哎哟"的叫声，老师发现原来有人在班干部的凳子上反钉了几个钉子。是立即查找肇事者，还是照常上课？老师选择了后者。他让学生把钉子敲平，就开始上课。到了下课，他留下班干部讨论"钉子事件"的原因，让班干部意识到自己工作上的不足，并召开了"板凳上的钉子从何而来"的主题班会，使肇事者深受感动，主动承认了错误。[1]

案例 11.2 中，刚刚要上课的老师听到了"不和谐"的叫声，原来是有学生故意把钉子钉到了班干部的座位上。案例中的教师没有大张旗鼓地处理这件事，而是让班干部简单处理了下钉子就开始上课。在课后，教师与班干部进行讨论，并据此召开了主题班会。其中，有几个课堂管理的细节值得我们学习借鉴。

第一，在课堂中简单处理"钉子事件"后开始上课。案例 11.2 中，做完早操的学生回到教室，准备迎来下一节课。谁知某个班干部的凳子上被人反钉了几个钉子，毫无防备的班干部发出了痛苦的叫声。针对这一突发事件，教师面临着一个两难选择：处理这件事吧，恐怕要浪费不少时间，影响正常的课堂教学；不处理这件事吧，不仅对"受伤害"的班干部不公

---

[1] 张宝安. 课堂偶发事件处理七法 [J]. 教学与管理，2006，(9).

平，还可能会助长这种不正之风。案例中教师，选择了处理这个问题，但并没有当场把"肇事"的学生揪出来，而是简单地让班干部敲平钉子后，继续开始上课。教师果断的"息事宁人"，控制了课堂突发事件的影响，保证了课堂教学能够正常开展。

第二，在课后留下班干部讨论"钉子事件"的原因。案例11.2中，教师在课堂上比较简单地处理了"钉子事件"。教师这么做是为了不影响课堂教学的进程，在课后教师对此还有"后招"。教师在课后处理的时候，没有把注意力放在搞破坏的学生身上，而仅仅是让班干部留下来。让班干部留下的目的，也不是简单地安慰这名班干部，而是一起来讨论为什么会发生"钉子事件"，并且引导班干部从自己工作上找原因，尤其是"让班干部意识到自己工作上的不足"。在这个过程中，教师没有去找肇事学生的"麻烦"，只是引导班干部反思自己的工作不足。这样的处理方式，貌似有点软弱，好像不敢处理肇事学生，但实际上却恰恰体现了教师的智慧，因为教师抓住了这一课堂纪律问题的根源。

第三，召开"板凳上的钉子从何而来"的主题班会。案例11.2中，教师在与班干部谈好话之后，就召开了与此相关的主题班会——"板凳上的钉子从何而来"。关于这个主题班会是如何组织的，涉及哪些具体内容，案例中没有描述。但我们可以想象得到的是，教师肯定让班干部对自己的工作进行了检讨，对下一步如何开展工作提出了改进措施，或许也对肇事学生提出了善意的批评。这一主题班会，让肇事的学生深受感动，主动承认自己的错误。主题班会的召开，对课堂管理也有积极的作用，不说这意味着这一课堂突发事件的完美处理，相信也能有力地防止以后发生类似的事情。

点睛笔：

1. 有的教师认为只有坚持惩罚学生，才能维护课堂纪律的权威，维护自己的师道尊严。殊不知，当遇到短时期不能处理的课堂纪律问题时，教师就需要作一个权衡，是继续花时间来执行课堂纪律，还是把这个问题留待课后来处理，以保持课堂教学能够正常开展。对于某些课堂纪律问题，教师对违纪学生步步紧逼反而把自己逼入了死胡同，教师暂时地"放学生一马"，却能让自己退一步海阔天空。

2. 在课后处理"钉子事件"的时候，教师没有去找肇事学生的"麻烦"，也没有简单地安慰"受伤害"的班干部，做的只是引导班干部反思自己的工作不足。这样的处理方式，貌似有点软弱，好像不敢处理肇事学生，但实际上却恰恰体现了教师的智慧，因为教师抓住了这一课堂纪律问题的根源。

12. 课堂纪律执行要用同样尺度

课堂管理中，有的教师会戴着有色眼镜来执行课堂纪律，面对类似的违纪行为，对不同的学生采用大相径庭的对待方式。比如说，轻描淡写地处理自己偏爱的学生的课堂违纪行为，恶言相对自己印象不佳的学生；容易原谅优秀学生犯错，而对后进生却提出相对苛刻的标准。教师这种"区别对待"，可能会放纵某些学生的行为，也可能会伤害到另一些学生脆弱的内心，让他们感到不公平，产生不满情绪，表现出抵触行为。长此以往，必然会给课堂管理增加不必要的难度。

案例 12.1 同样的坐姿不一样的对待

有一个老师讲过自己的一次亲身感受：有一天他看到一位成绩落后的学生在课堂上斜靠在座椅上，将腿伸得长长的，就看得很不顺眼，随口批评开了："这是茶馆吗？上课时那么懒洋洋的，怎么考得好成绩呢？"其实，他嘴边还有一句话没有说出来："难怪你成绩这么差！"

后来又有一次，有一位成绩好的学生在课堂上也出现了同样的坐姿，这位老师也看到了，可怎么也反感不起来，甚至感觉到这是课堂上一种必需的坐姿吧："有利于放松？有利于思考？"这位老师怎么也找不出答案。[①]

案例 12.1 中，描述了同一位教师针对学生坐姿问题执行课堂纪律时，

---

① 王跃. 高效课堂的 101 个细节 [M]. 广东：广东高等教育出版社，2009：177～178.

对成绩不同学生采用了不同的课堂管理措施。当教师看到一位成绩落后学生在课堂上坐姿不佳时，就觉得看不顺眼，心里就不舒服，于是对学生的批评脱口而出。教师在话语中，提醒学生不要把课堂当"茶馆"，认为学生"斜靠在座椅上，将腿伸得长长的"的行为是"懒洋洋的"，而且教师还把学生的行为与成绩不好进行挂钩。而当教师看到另一位成绩优秀学生出现不佳坐姿时，内心却没有任何反感和不舒服。教师还为优秀学生的不佳坐姿寻找合适的理由，即这种坐姿有利于放松或是有利于思考。当然，基于如此考虑的教师，是不会对这一位学生进行批评的。

为什么成绩好的学生会受到特别的优待，而成绩差的学生却容易受到教师的批评指责？心理学中的"晕轮效应"可以很好地诠释这一现象。晕轮效应是由美国著名心理学家爱德华·桑戴克于20世纪20年代提出的。他认为，人们对人的认知和判断往往只从局部出发，扩散而得出整体印象，也即常常以偏概全。这就好像刮风天气前夜月亮周围出现的圆环（月晕），其实呢，圆环不过是月亮光的扩大化而已。基于此，我们可以推断出，教师认为成绩好的学生应该受到表扬和肯定，而且成绩好的学生其他方面都是好的；而成绩差的学生则各个方面表现都是差的。好比成绩好的学生带有优秀的"光环"，而成绩落后的学生则容易被教师贴上差生的"标签"。

这样一来，教师无论是课堂上，还是在课外，往往会对成绩好的学生表扬过多。见到这些成绩好的学生做得好，就不放过每一次机会给予表扬，而对他们做得不好的事情，就"原谅"过去了，其结果就是没有"公正、客观"地对待这些成绩好的学生，表现为对他们的"袒护""偏爱"，而在班上对一部分人的"偏爱"，就是对另一部分人的"冷漠"。[①] 实际上，

---

① 王跃. 高效课堂的101个细节[M]. 广东：广东高等教育出版社，2009：178.

不管是成绩好的学生，还是成绩落后的学生，都希望得到大家的肯定，受到教师的表扬。对于成绩落后的学生来说，或许他们更渴望在课堂内外得到教师的表扬。教师的关注和表扬，会给他们带来强烈的荣誉感，对他们的行为也具有正面引导功能。下面我们将结合案例12.2，继续探讨这一话题。

案例12.2　没有一个学生没有才

一位应聘老师上一节应聘课，有一个问题老师提问了几个学生都没能回答出来，她接下来提问了坐在最前面的一个男生，学生窃笑。也许这位还没有走上工作岗位的青年老师不知道这笑声的含义——他是一个差生。然而，大家没有想到的是，这个"差生"不仅认真地回答了老师的问题，而且说得很有道理，应聘老师好好地表扬了他一番。男生脸有些红了，坐得更端正了。[①]

案例12.2中，一位应聘教师进行试讲，她提了一个有一点难度的问题，好几个学生都没有回答出来。当她提问一个坐在最前面的男生时，引发学生们的窃窃发笑。原来这位被提问的男生是一位大家心目中的"差生"。学生们认为，好几个同学都回答不出来的问题，这个"差生"怎么可能回答出来呢。教师指定让"差生"回答难题，岂不是有"病急乱投医"的嫌疑！说不定不少学生已经准备好看"差生"答不出问题的"窘态"了。让大家感到意外的是，这个"差生"认真并且较好地回答了问题。应聘教师当然是不吝表扬，而那位男生则大受鼓舞，不仅心情激动，脸色变红，而且还"坐得更端正了"。

案例中的应聘教师与学生不熟悉，对所谓的"差生"也没有偏见。在课堂教学和管理的过程中，她对全班学生都一视同仁，而绝不会因为"差

---

① 严育洪. 这样教书不累人［M］. 北京：教育科学出版社，2009：68.

生"就区别对待。正是如此,那位"差生"能感受到应聘教师的真诚表扬,而不像有的教师那样尽是敷衍与不屑。应聘教师的肯定与表扬,唤醒了那个"差生"的荣誉感和学习愿望,在接下来的教学中表现得更好了。

> **点睛笔:**
> 1. 不管是成绩好的学生,还是成绩落后的学生,都希望得到大家的肯定和老师的表扬。成绩落后的学生或许更渴望得到老师的表扬,老师的关注和表扬,会给他们带来强烈的荣誉感、自信心和上进心,这对他们的课堂行为也具有正向的促进作用。
> 2. 学困生并不一定样样都差,时时都差,他们身上也有不少的闪光点。教师在课堂管理的过程中,对此务必要有清醒的认识,不要生硬地区分"好学生"与"差学生",在执行课堂纪律时,要对所有学生都尽可能同等对待,采用同样的标准和尺度。

13. 课堂纪律执行要有人文关怀

课堂纪律执行者时常会板出一副冷冰冰的面孔，因为他们认为只有这样，才能体现出课堂规范的权威性，才能让学生对于违纪行为"惧"而远之。实则不然，刚性的课堂规范，有的时候恰恰需要柔性操作。当课堂纪律的执行充满人文关怀的时候，教师的话语就会让违纪学生感到温暖，与此同时，违纪学生会加深对自己不当行为的认识，增强改正违纪行为的决心，从而减少对正常课堂教学秩序的干扰，促使课堂管理产生积极的、正向的效果。

案例 13.1　教室里的呼噜声和笑声

语文课上，教师正讲得津津有味，教室里响起打呼噜的声音，一部分学生笑起来，教师不得不停下来解决这一问题，他看了看睡觉的学生，决定还是继续讲下去："描写生动，要使用象声词，绘声绘色地描写事物的声音形状。绘声，就是用象声词模仿声音。比如，睡觉的酣态，就可以用现在的声音来描摹。请你们注意倾听。"教师作出倾听状，同学们都笑了起来，那睡觉的学生也被笑声惊醒了。教师又说下去："那么你们的笑声呢？该怎么描摹？对，酣睡声是刚才×××发出的响亮的'呼噜'声，笑声就是大家发出的'哈哈'声。"[1]

---

[1] 周旺平. 课堂偶发事件的处理艺术 [J]. 教学与管理，2003，(3).

案例13.1中，讲得津津有味的教师被呼噜声和笑声打断了，原来是有一个学生在睡觉，并且引起了部分学生的关注。对此，案例中的教师没有正面批评睡觉的学生，而是结合教学内容借题发挥，起到了良好的管理和教育效果。从课堂管理的角度分析，有几处细节值得我们学习借鉴。

第一，继续讲课，暂把学生睡觉问题放在一边。案例13.1中，课堂上睡觉的学生给教学带来了不和谐的呼噜声，并引发了部分学生的笑声。此时此刻，课堂教学的秩序受到了干扰，教师需要以一定的管理手段来解决这个问题。针对这种情况，不少教师可能会严厉地批评学生，并且按照课堂纪律要求对学生进行惩罚。[①] 但案例13.1中的教师却是舍弃了直接教育批评的方法，而是在观察睡觉的学生之后继续讲课，并且把课堂中发生的事情，即时地融入教学内容当中。教师这一做法，暂时绕开了学生睡觉问题，避免了直接执行课堂纪律，减少了学生违纪行为对课堂教学秩序的"波动"。

第二，布置教学任务，要求其他学生认真倾听。案例13.1中，教师发现学生睡觉之后，继续讲解"象声词""绘声"等知识点。而且，还举例说明，说"睡觉的酣态，就可以用现在的声音来描摹"。接着，教师布置了一个相关的教学任务，即让学生倾听酣睡学生发出的声音。教师不仅要求学生倾听，自己也做出倾听的样子。教师略带幽默的言谈举止，使学生们都发出了笑声。在这个过程中，睡觉的学生也被大家的笑声惊醒了。

第三，与学生互动，并且及时公布问题的答案。案例13.1中，教师在引导学生倾听酣睡声之后，又提出描摹笑声这一要求。在个别学生回答之

[①] 例如，案例11.1中的教师就采取了类似的方法，即让趴在桌上的学生罚站。学生以没有睡觉为由拒绝站到教室后面去，而教师为了让学生受到惩罚，不惜中止教学，等待学生"自领"惩罚。由此，师生双方互不相让，产生了冲突，浪费了一节课的时间。

后，教师适时地公布了两个问题的答案，即用"呼噜"声来描摹酣睡声，用"哈哈"声来描摹笑声。这样，教师不仅将学生睡觉带来的课堂纪律问题化解于无形，而且给教学添加了新鲜的实例，营造了良好的教学氛围，加深了学生对知识的理解，从而圆满地完成了相关知识点的教学。

总之，案例13.1中，教师对于学生睡觉问题，表面上不动声色，而暗中将维护课堂秩序与讲课结合在一起，旁敲侧击地提醒学生注意自己的行为。教师如此的课堂管理方法，考虑到了违纪学生的内心感受，给予了他们充分的人文关怀，在照顾学生自尊心的同时，又不知不觉整顿了课堂秩序。

实际上，很多教师都遇到学生在课堂上睡觉，对于这种情况，教师不能简单地训斥，板着脸说上课不能睡觉，并惩罚。教师应该寻找一个合适的时机（比如在课后找个时间），具体了解和分析学生睡觉的原因，到底是晚上没有休息好，对这个学科不感兴趣，还是对任课教师有意见等等。然后，在尊重学生、关爱学生的前提下，有针对性地进行纠正。

除了学生上课睡觉这一课堂纪律问题，学生上课迟到可以说是更为常见的学生违纪行为。下面，我们将结合案例13.2，讨论就学生迟到问题进行沟通时，如何体现出教师的关怀。

案例13.2　你怎么又迟到了

学生迟到了，老师可以下列方式沟通：

甲种方式：

师：你怎么了，又迟到了？

生：（低头沉默）

师：哑巴了，说话呀！

生：没搭上原来那班公交车，等下一班车就晚了。

师：是自己晚了还怪公交车？罚站去。

乙种方式：

师：你怎么迟到了？

生：（低头沉默）

师：起晚了吗？还是由于其他原因？

生：没搭上平常那班公交车，等下一班公交车就晚了。

师：下一次要算准时间，不过安全第一，别慌慌张张。

当老师以乙种方式和学生交谈，学生会感谢老师的关心，但若老师以甲种方式处罚学生，表面上学生未有反抗，但内心必然充满敌意，师生关系此后也必然疏远，沟通之门已然关闭。①

案例13.2中，描述了两种对待学生上课迟到的课堂纪律执行方式。同样的迟到问题，两位教师采取了截然不同的方式。甲种方式，教师居高临下，对学生的行为进行责备和惩罚；乙种方式，教师关怀备至，在指出学生错误行为的同时，也和善地提醒学生今后应该如何改进。下面我们来进行具体分析。

在甲种方式中，教师询问学生迟到原因后，见学生低头沉默不作回答，马上口气不善地催促学生回答。当学生回答说没赶上公交车时，教师又责备学生自己晚了还推到公交车上，而且还让学生去罚站。细做分析，我们可以发现师生双方对迟到的归因是不同的。学生认为是客观上没搭上公交车，教师则认为学生自己主观上晚点了。所以，假如教师仅仅责怪学生晚到，不帮学生分析原因，并让学生自己认识到问题所在，课堂管理的效果是非常有限的。更重要的是，教师拒人于千里之外的态度，容易让学生对教师产生反感，从而忽略自己本身存在的问题。

在乙种方式中，教师得知学生迟到的原因是由于没有赶上公交车时，教师并没有专门责怪和批评学生，而是善意地提醒学生"下一次要算准时

---

① 徐星海. 如何预防课堂教学中的师生冲突［J］. 思想理论教育·新德育（下半月），2007，（9）.

二、课堂秩序的建立维护｜13. 课堂纪律执行要有人文关怀　　　69

间",以免再次迟到。而且,教师还特意关照学生,要注意"安全第一,别慌慌张张"。教师的神态语气、所说的话语,体现了对学生的宽容和关爱之情。我们有理由相信,这位迟到的学生会对教师充满感激之情,在今后也会常常提醒自己不要再迟到了。

当然,对待学生迟到这一违反课堂纪律的行为,教师的管理方式也可以有更多的选择。在前文当中,我们也讨论了针对学生迟到的若干课堂管理措施。在这里,我们建议制订学生迟到自我登记的制度,尽可能不要让学生迟到打断正常的课堂教学,至于相关的一些问题则放到课下来解决。而在课下与学生交流时,教师要表现出宽容、耐心和关心,避免一味的批评和指责。

点睛笔:

　　1. 对于学生在课堂上睡觉这种情况,教师不能简单地训斥,板着脸说上课不能睡觉并惩罚。教师应该寻找一个合适的时机(比如在课后找个时间),具体了解和分析学生睡觉的原因,到底是晚上没有休息好,对这个学科不感兴趣,还是对任课教师有意见,等等。然后,在尊重学生、关爱学生的前提下,有针对性地进行纠正。这样的做法,考虑到了违纪学生的内心感受,给予了学生充分的人文关怀,在照顾学生自尊心的同时,又不知不觉整顿了课堂秩序。

　　2. 假如教师仅仅责怪学生迟到,不帮学生分析原因,并让学生自己认识到问题所在,那么课堂管理的效果是非常有限的。更重要的是,教师拒人于千里之外的态度,容易让学生对教师产生反感,从而忽略自己本身存在的问题。假如教师善意地提醒学生"下一次要算准时间",而且还特意关照学生要注意安全,那么迟到的学生就会对教师充满感激之情,在今后也会常常提醒自己不要再迟到。

14. 课堂纪律执行做到即时反馈

课堂教学中，会不时地出现学生违反课堂规范的情况。对于学生的违纪行为，教师需要进行即时反馈，及时地执行课堂纪律，解决课堂的纪律问题。即便是遇到相对复杂的问题，在课堂上没有太多的时间完美地解决好，需要放到课后再具体处理，教师也应该做出反应，进行简洁、有效的课堂管理。假如教师只顾着自己的讲课，对课堂纪律问题不理不睬，必然会导致学生的违纪行为变本加厉，课堂秩序变得越发不可收拾。

案例 14.1　没有交流和反馈的课堂教学

学生们三三两两地进入教室，他们大多边走边相互交谈着，鼓鼓的书包挂在肩膀上。他们像布娃娃一样跌坐在座位上，随着"嘭"的一声响，把书包重重地摔在了地板上。巴里坐在教室前面的讲桌后面，既没有抬头看看，也没有说什么。上课铃声一响，巴里就直接进入了当天的授课程序，他并没有有意地吸引学生的注意力，甚至根本没有留意学生是否在关注他。接着，他向教室后面走去，在最后一排的一张课桌前停下来，叫了声"贾斯汀"。

贾斯汀是一个又高又瘦的16岁男生，他带着生气的表情，拖拖沓沓地站起身，像走向绞刑架一样地走到教室前面。他身体前倾，斜靠在讲桌上，用一种没有任何起伏变化的声调读完了他的文章，他的眼光一刻也没有离开过手里的那张纸。文章内容枯燥无味，并且跟当前的时事毫不相干。在贾斯汀读文章的时候，同学们就已经开始谈论起一些其他的话题。巴里既没有关注那些聊天的学生，也没有关注贾斯汀的表现和他所读文章的内容。

在贾斯汀发言结束后，为了激发学生提出问题，巴里提示道："提问时间到了。"当发现学生们毫无反应时，巴里就一连串地提了自己的5个问题。提问期间，巴里没有和包括贾斯汀在内的任何人有任何的眼神交流，他只是从笔记本上把自己在贾斯汀读文章时提出的问题读了一遍。他仍然没有关注学生们逐渐升级的种种走神问题，包括聊天、在课桌间滑动书包、传递纸条、吃东西等。巴里也没有在意贾斯汀的反应，只顾埋头提问。①

案例14.1中，从学生进入教室之后，教师巴里就不大关注学生。从上课铃响起的很长一段时间，巴里老师也只顾自己讲课和提问，不管不顾课堂纪律，哪怕课堂纪律越来越糟糕。在这个过程中，巴里老师课堂管理存在的问题可以从以下几方面来分析。

第一，课前几分钟不管学生的言行举止，铃声一响就直接上课。课堂管理并不是随着上课铃的打响才开始，而是在上课前几分钟就开始了。前面我们已经讨论过上课前几分钟课堂管理的若干细节和注意事项。案例14.1中，巴里老师虽然上课前几分钟就已经进入教室，但丝毫没有引导学生做课前准备的行为。不管学生在课前的相互交谈，还是学生"把书包重重地摔在了地板上"，巴里老师都无动于衷。当上课铃响起的时候，巴里老师在没有关注学生的状态下，就直接开始了上课。然而此时，有不少学生还处于上课前交谈的兴奋中。巴里老师对此不顾不问，必然会使这部分学生在上课后还要花一些时间才能自我调整过来。

---

① ［美］Marilyn L. Page. 让学生都爱听你讲——课堂有效管理6步法［M］. 屈宇清，咸桂彩译. 北京：中国轻工业出版社，2010：12～13.

第二，不关注和评价发言的学生表现，也不管其他聊天的学生。课堂教学中，无论是对于学生的发言，还是个别学生的课堂违纪，教师都应该给予即时的关注和反馈。案例14.1中，巴里老师叫了学生贾斯汀上讲台发言。案例没有描述巴里老师为什么要叫学生贾斯汀发言，也没有描述贾斯汀当时的心理状态，但我们可以根据他的行为猜测到的是，贾斯汀的内心是不情不愿的。贾斯汀把朗读文章当作应付差事，而且他读的"文章内容枯燥无味"。更加糟糕的是，很多学生的注意力不再集中，思想开小差，并且"开始谈论起一些其他的话题"。在这种情况下，巴里老师没有采取任何课堂管理措施，他任由那些聊天的学生继续说话，也没有及时关注贾斯汀的表现，并且作出即时的评价。

第三，提问期间不与学生眼神交流，也不关注课堂纪律问题。课堂教学中，提问与回答是重要的师生、生生互动方式。在这个过程中，教师应该及时关注学生的状况，以便采取有针对性的课堂管理措施。案例14.1中，在学生贾斯汀发言结束之后，巴里老师安排了课堂提问这一教学环节。巴里老师的本意是让其他学生向贾斯汀发问，为此巴里老师还特意提示"提问时间到了"。当发现学生们毫无反应时，巴里老师只好亲自上阵了，他一连提了5个问题。在这一环节，巴里老师的课堂管理不仅没有起色，反而出现了更加严重的问题，即学生们的课堂违纪逐渐升级了，出现了"聊天、在课桌间滑动书包、传递纸条、吃东西"等现象。

之所以出现这些问题，与巴里老师在课堂管理方面的不作为直接相关。他不仅无限度地容忍学生的课堂违纪行为，而且对课堂教学活动本身也缺乏应有的掌控。课堂教学本身是在师生、生生的互动中不断推进的，巴里老师却一直沉浸在自己的世界中，只是按着自己的想法和思路"出牌"，对学生的表现和想法缺乏基本的关注。在课堂提问这一环节，巴里老师的做法就是"只顾埋头提问"，既没有与学生进行包括眼神在内的非言语交流，也没有关注被提问学生贾斯汀的反应。对学生们不断升级的课堂纪律问题，巴里老师也没有作出即时的回馈，采取相应的课堂管理措施，而是放任这种严重干扰课堂教学秩序的行为。

点睛笔：

　　1. 课堂管理并不是随着上课铃的打响才开始，而是在上课前几分钟就开始了。课堂教学中，无论是对于学生的发言，还是个别学生的课堂违纪，教师都应该给予即时的关注和反馈。

　　2. 课堂教学本身是在师生、生生的互动中不断推进的。如果教师一直沉浸在自己的世界中，只是按着自己的想法和思路"出牌"，对学生的表现和想法缺乏基本的关注，对不断升级的课堂纪律问题也不作出即时回馈，那么学生就会对教师产生不满的情绪，课堂教学秩序也必将在教师的放任中越发地不可收拾。

15. 课堂纪律执行做到善始善终

教师在执行课堂纪律时，无论是激励措施，还是惩罚措施，都要有一个相对完整的过程，要做到有始有终，最好是善始善终。只有做到这一点，才能体现课堂制度和规范的威严，才能维护课堂规范和制度的公信力，也才能增强教师的权威。假如课堂纪律的执行有始无终、有头无尾，或者因为某些原因半途而废，那么必然会使制度的威严和教师的权威"碎一地"，当教师再次执行课堂纪律时，就有可能遇到前所未有的阻力。而教师若要改变这种状况，那就要花费更多的时间和精力。

案例 15.1　班里学生的抵触情绪增多了

已有十几年教龄的英语教师近来遇到了一个难题，她所任教的高二（1）班学生在她的课堂上越来越难以驾驭了。这事还得从前两个星期的一节课说起。那天，单超同学没有完成作业，张老师为了达到"杀一儆百"的效果，一上课就当着全班同学的面罚单超做30遍作业。单超心里很不高兴，当张老师听到单超的嘟嘟囔囔后很生气。于是她把单超赶出了教室。第二天，单超仍然没交作业而未能进教室。第三天，由于年级组长出面干涉，张老师不得不让单超在没有补任何作业的情况下进教室上课。从那天起，每次张老师在课堂上批评不专心听讲的学生时，都会明显地感觉到班里学生的抵触情绪。因此，她的课堂教学组织工作多次不能按要求完成。这位老师陷入了深深的苦恼。①

案例15.1中，已有十几年教龄的老教师遇到了一个新问题——课堂越来越难以驾驭，执行课堂纪律时遇到学生明显抵触，课堂教学任务不能按时完成。事情的原因是由教师惩罚一名没有完成作业的学生引起的。教师在惩罚没有完成作业的学生时，采用了不恰当的措施，致使受惩学生正面反抗。而年级组长的干涉，让教师的课堂纪律执行"虎头蛇尾""无疾而终"。在执行课堂纪律的过程中，教师存在的失误可以从以下方面进行分析。

第一，惩罚学生不做作业的措施不合理。案例15.1中，教师发现学生单超没有完成作业，为了打击和杜绝这一现象，在上课时当着全班学生的面，要求单超重做30遍作业。无疑，教师的出发点是好的，希望通过重惩单超让其他学生引以为戒，但是，教师的做法还是有点冒失的。

首先，没有了解学生单超为什么没有完成作业，就对其进行处罚。单超没有完成作业是主观上不想做，还是有什么客观的原因，教师在处罚之前，对此应该有所了解。案例中的教师似乎忽视了这一点。

其次，对学生单超不做作业的惩罚过重。学生作业没有完成，一般让学生把作业补好就行了。要惩罚的话，罚做个两三遍也就可以了。案例中的教师让学生单超重做30遍作业，这样的重罚远远超过了学生的预期，容易引起学生心里的强烈抵触。

最后，把学生单超作为"坏"的典型在课堂上点名。案例中的教师可能要找一个坏典型，并通过重罚坏典型来树立自己的权威。学生单超恰好撞在了"枪口"上，虽然他没完成作业的过错并不严重，但是却被教师当着全班同学的面重罚。教师这样的处罚方式，肯定会让单超心中极为

---

① 纪兰芬. 英语课堂管理案例分析——教育管理理论与实践的结合［J］. 教学与管理，2009，(24).

不满。

第二，采取了缺乏制度根据的课堂惩罚。案例15.1中，当教师宣布对学生单超未完成作业的惩罚措施之后，单超表现出很不高兴的样子，并且发出嘟嘟囔囔的声音，抗拒教师宣布的惩罚。教师看到学生单超的表现之后，似乎没与单超进行沟通，就直接把单超赶出了教室。

教师的做法应该并不是根据课堂制度，而是凭着自己的感受来执行课堂纪律。教师这么做可能基于这样的考虑：一方面，学生单超的行为已经影响到了课堂秩序，教师需要执行课堂纪律；另一方面，把单超赶出教室，可以让其冷静一下，以便清醒地认识到自己的错误，抓紧时间完成罚做的30遍作业。

教师的愿望虽然是美好的，称得上"理想很丰满"，但"现实很骨感"，教师的做法似乎进一步激发了学生单超的反抗。到第二天，学生单超仍然没有完成罚做的作业，当然单超也未能走进教室。

第三，在年级组长出面干涉下轻易妥协。案例15.1中，师生之间因为课堂管理的措施不当，互不相让的双方出现了僵持状态。让学生不上课，并不是什么值得推荐的课堂管理方法，而且这一方法也不能让学生单超完成罚做的作业。这时候，教师就应该考虑调整课堂教学的策略了。比如说，教师可以试着去说服、帮助单超完成作业；也可以与单超家长进行必要的沟通；甚至可以承认自己前面的处罚不合理，减少单超罚做作业的遍数；等等。

案例中的教师没有处理好学生的"作业事件"，这一情况让年级组长知晓后，就出面干涉。此时，前面态度强硬的教师选择了妥协，让学生单超无条件地回到了课堂。这样的做法实际上存在很大的问题。一方面，让学生单超觉得只要"顽抗"到底，就可以不受惩罚了；另一方面，让其他学生觉得教师的课堂管理虎头蛇尾，教师拿单超没有办法。无论如何，这对教师的威信是一个巨大的打击。

当教师的威信下降、权威受到学生质疑的时候，教师再次执行课堂纪律就会阻力重重。根据案例描述，自从让学生单超不受处罚就回到教室之后，"每次张老师在课堂上批评不专心听讲的学生时，都会明显地感觉到班里学生的抵触情绪"。

总之，案例15.1中，教师的课堂纪律执行是不成功的，可以说是"始于重罚，终于妥协"。我们可以这么认为，与其最后让"作业事件"不了了之，还不如一开始不要"高调"地处罚学生单超。

> **点睛笔：**
>
> 1. 让学生不上课来督促学生完成罚做的作业，并不见得是值得推荐的课堂管理方法。实际上，教师可以试着去说服、帮助学生完成作业；也可以与学生家长进行必要的沟通；甚至可以承认自己前面的处罚不合理，减少学生罚做作业的遍数；等等。
>
> 2. 当教师的威信、权威受到学生们质疑的时候，教师再次执行课堂纪律就会阻力重重。如果不能尽快地改变这一状况，那么课堂出现的问题就会越来越多，教师执行课堂纪律的效率就会越来越低。

16. 课堂纪律执行避免"扩大化"

课堂教学中，对于学生的违纪行为，教师一般都要根据课堂规章制度，进行恰如其分的惩罚。不过，有的教师在管理学生违纪行为时，却不管规章制度的约束，由着个人的情绪，对学生的惩罚，尤其是言语上的批评，出现了"过界"的情况。实际上，执行课堂纪律要就事论事，不能过于纠缠与之无关或关系不大的事情，更不能把简单的问题无限升级。否则，不仅影响课堂管理的效果，还有可能给学生的心灵带来莫名的伤害。

案例 16.1 不断升级的课堂纪律问题

一次语文课上，老师发现 SG 没精打采，总是开小差，便问他为什么，他说："昨天晚上到一个朋友家帮他做航模，几乎一夜没睡。"老师很生气："你现在是读初中，不是小学。现在是要想法考进重点高中。航模顶什么用？""我只是帮他。"SG 反驳。"帮他也能保证你上高中，笑话。不要以为你现在成绩好，就可以帮别人，刚初一就骄傲自满，那还得了。你父母会准你去做航模吗？""他们知道的，他们从来不反对。""知道，知道你考重点高中吗？知道你违反课堂纪律吗？连这点都不懂，简直没文化。"老师更生气。"我爸妈都是研究生。"SG 不甘示弱。"研究生又怎样，有娘养无娘教，回去叫你父母来。"老师的权威受到了挑战，抑制不住内心的愤怒。

SG 被迫去叫了他的母亲。老师首先数落了一番 SG 在课堂中不认真听课的违纪行为，以及其对老师的反抗态度，并要求这位母亲好好地管教她的孩子，不要因为目前成绩好就可以放松警惕。母亲尽管非常感谢老师的"教诲"，但也同时表现出了不满："这个孩子生来好动，从小就迷航模。""我是为他将来好，这种事你们家长不管，我们当老师的也没办法。"第二天上课前，老师让 SG 在全班做了检查。

事后的一次语文课，SG 把一张《初中生报》放在桌子上。老师走过去，一把夺过报纸，撕得粉碎。SG 说："我没有看，只是放在桌子上。"老师说："还想狡辩，不想读书就滚回去，省得在这里碍事。"课堂冲突由此而生。再后来的语文课，SG 几乎无心听课。一次，老师问全班学生郭沫若是什么人，SG 抢着回答："是郭富城他爸。"课堂内哄堂大笑。老师无法容忍 SG 的公然对抗，走过去一把将 SG 拉起来，推出了教室。余下的时间便是老师向全班学生进行"生动"的教育，大意是，老师是课堂的主人，拥有绝对的权威，老师的所作所为都是为学生将来着想，学生必须服从老师。此后很长一段时间，SG 不得不接受教导主任和校长的训话。SG 也从此便成为学校有名的"调皮捣蛋"的学生，学习上也一落千丈。[①]

案例 16.1 中，教师得知学生 SG 由于晚上做航模没有睡好而上课开小差时，表现得非常生气，并且在批评学生时，牵涉到了学生的父母。随后，这位语文教师与学生母亲进行了一次不愉快的交谈。之后的课堂中，教师与 SG 又发生了冲突，并且让校长和教导主任对 SG 进行训话。课堂管理的失败，最终让 SG 成了一名"调皮捣蛋"的学生。通过分析案例，我们可以看到教师在课堂管理中存在的细节问题有以下几个方面。

第一，在言语上污辱了学生的人格。教师负有管教学生的责任，但这并不意味着教师高学生一等，可以不管不顾学生的感受就批评学生，乃至

---

① 陈时见. 课堂管理与学生发展——当前中小学课堂管理状况的案例研究 [J]. 教育实验与研究, 2000, (6).

污辱学生。案例 16.1 中，教师询问学生 SG 为什么上课思想开小差，学生 SG 回答是因为做航模而几乎一夜没睡。教师可能觉得 SG 不务正业，影响学习，就非常生气地对 SG 的做法加以斥责。SG 显然是一个个性很强的学生，敢于回应教师逼人的责问。在师生言语的交锋之中，教师固然是强势的一方，但学生 SG 却往往能据实反驳教师。

在这个过程中，教师不仅情绪如脱缰的野马失去控制，在言语上更是有点口不择言，少了一份为师者应有的理性和智慧。对于学生帮助他人而熬夜的精神，不仅不予以认可和肯定，反而归结为成绩好就骄傲自满。在学生辩解父母从不反对自己做航模之后，更是说出一些缺乏教养的话语，如"简直没文化"，"有娘养无娘教"。教师说出如此的"气话"，与学生 SG 不甘示弱的"顶嘴"有一定的关系，但更深层次的原因，则是教师内心缺乏对学生起码的尊重，没有把学生放在人格上对等的一方来沟通交流。这样一来，就给课堂管理埋下了"隐患"。

第二，与学生母亲的沟通不欢而散。在教育学生上，教师通常要与家长密切合作，才能收到良好的教育效果。对于难以解决的学生教育问题，教师可以寻求家长的理解、支持和配合。案例 16.1 中，教师感觉对学生 SG 的教育批评起不到作用，就把学生 SG 的母亲叫到学校。在与 SG 母亲交流的时候，这位教师还是没有意识到自己的问题，没有反思过自己言行方面存在的不当之处。教师把课堂管理失败的问题和原因，全部推到学生 SG 上面，并且要求 SG 母亲配合自己做好管教工作。

SG 母亲尽管部分认同教师对自己孩子成绩的重视，但她显然有自己的教育主张，在对待 SG "迷航模"这件事上，提出了与教师的不同看法。而教师则武断地认为，学生只要学好考试的知识就可以了，对与"考试"无关的兴趣爱好则一味反对。从中，我们也可以发现，教师无视了学生的个性，忽略了学生健康的课余爱好，也没有讲究教育方法，而是以"我是为他将来好"为由，理所当然地要求家长配合自己的做法。显而易见，教师的"强势"，教师的"一厢情愿"，与受过高等教育、有自己教育主张家长的碰撞中，并没有形成多少共识，也没有起到预想的效果。

第三，多次与学生发生课堂冲突。课堂冲突往往对课堂秩序有着较大的破坏作用。教师在开展课堂管理时，应该尽可能避免课堂冲突的发生，而当课堂冲突无可避免地发生后，则要尽量减弱课堂冲突的负面作用。案例 16.1 中，教师在与学生 SG 母亲的沟通不欢而散之后，内心似乎对学生 SG 有了一种难以觉察的"偏见"。在事后的一次语文课上，教师看到 SG 桌子上放着一张《初中生报》，就想当然地认为 SG 在课堂上看报，没有认真听课。于是，走过去不由分说地就把报纸撕得粉碎。对于 SG "没有看，只是放在桌子上"的解释，教师认为是"狡辩"，并且对 SG 说"不想读书就滚回去"。这样，就又一次爆发了课堂冲突。

教师多次批评 SG 的污辱性言语，给 SG 的心灵带来伤害的同时，也激发了 SG 对教师的反感和反抗。案例 16.1 中，又描述了一次课堂冲突的情形。当教师提问郭沫若是什么人后，SG 抢着回答"是郭富城他爸"。从中，不无 SG 无理取闹的成分，但其中深层次的原因则是教师与 SG 之间的不和谐关系，是学生 SG 内心积累的对教师的不满乃至憎恨。对于此，教师还是把问题统统归结到学生 SG 身上，把 SG 推出了教室了事。余下的时间里，教师则向全班学生强调自己的权威，强调学生必须服从自己。这样，这节课的课堂管理也就以"失败"而告终了。

总之，在案例 16.1 中，教师在课堂管理的过程中，为了维护自己的权威，在与学生 SG 的"对峙"中不肯退让一步。在这个过程中，教师缺乏必要的反思精神，不管学生是否事出有因，也不顾学生的辩解是否有道理，而只是一味地把自己的"专制思想"强加于学生身上，从而导致了简单的课堂纪律问题无限度地"升级"。最终，可以说师生双方都不是赢家。

教师自己生气不说，在课堂上的权威受到了严重削弱，在学生心目中的印象或许也是"一落千丈"。学生 SG 更是"损失惨重"，不仅成了学校有名的"调皮捣蛋"的学生，良好的学习成绩也是"恰如一江春水一去不复返"。

> **点睛笔：**
>
> 1. 教师负有管教学生的责任，但这并不意味着教师高学生一等，可以不管不顾学生的感受就批评学生，乃至污辱学生。
>
> 2. 教师在言语上口不择言，少了为师者应有的理性和智慧，这与学生的顶撞有一定的关系，但更深层次的原因，则是教师内心缺乏对学生起码的尊重，没有把学生放在人格上对等的一方来沟通交流。
>
> 3. 课堂冲突往往对课堂秩序有着较大的破坏作用。教师在开展课堂管理时，应该尽可能避免课堂冲突的发生，而当课堂冲突无可避免地发生后，则要尽量减弱课堂冲突的负面作用。
>
> 4. 假如教师无视学生的个性，忽略学生健康的课余爱好，也没有讲究教育方法，而是以"我是为他将来好"为由，理所当然地要求家长配合自己的做法，那么教师的"强势"，教师的"一厢情愿"，很可能会与受过高等教育、有自己教育主张的家长发生碰撞。这样，双方就很难形成多少共识，教师预想的教育效果也难以实现。

17. 课堂纪律执行慎用"撒手锏"

教师在执行课堂纪律时，难免要对违纪学生进行必要的惩罚。为了防止大家出现违纪问题，也为了让课堂上有过分行为的学生"长记性"，教师一般会准备一两招"撒手锏"。既然是"撒手锏"，那就该慎用，在常规情况不要用，只有在不得不用的情况下，才能请出"撒手锏"。而且，一旦决定使用"撒手锏"了，教师就得坚持惩罚学生，就要让"撒手锏"真正发挥作用，而不能轻易地做出让步。只有这样，才能维护"撒手锏"的"威慑力"。

案例 17.1 让学生去校长办公室

哈里很是为自己给那张下拉式地图所做的塑料包膜而自豪。它使学生能够用标记笔在上面标明路线、位置和方向。有那么一段时间，学生还能够专心听讲并回答哈里的提问。虽然他在点名叫学生回答问题，但是由于提问的时候过长，学生的专注程度开始下降，麻烦随即开始出现了。有一次，当一个学生回答哈里提问的时候，离我很近的一个学生就粗鲁地喊了一声。即使当时我还在教室里并且在进行课堂的全程录像，可这一喊还是让哈里发生了不小的动摇。

"下一个制造干扰的学生会被惩罚去校长办公室。"哈里拿出了他的撒手锏。大多数教师都明白如果你要发出最后通牒（不到万不得已，不建议使用此招），就要一直坚持使用这份威胁的力量。哈里也做到了这一点。

哈里还在继续讲课，没过 30 秒钟，又有一名学生大声地发出了奶牛一样"哞……"的声音。由于早已有言在先，哈里别无选择，只能让那个学生去校长办公室。当他好几次试图与哈里争辩的时候，哈里每次都只是重复："去校长办公室。"所幸哈里懂得不要和学生发生争辩，因为此举往往会得不偿失。可是这一回，哈里差点在这点上发生动摇。多亏五分钟后下课铃响了，才使他没有犯这个愚蠢的错误。①

案例 17.1 中，教师哈里在课堂教学中遇到了学生违纪问题，即有学生在课堂中大喊大叫。对于这种情况，哈里老师使用了他的"撒手锏"，即下一个制造干扰的学生将会被叫到校长室。虽然如此，但还是有学生明知故犯，哈里老师只能让那个学生去校长办公室。然而，那个学生却拒绝接受惩罚。于是，接下来的课堂教学伴随着师生交锋结束了。分析教师的课堂管理细节，有以下几处值得我们引以为戒。

第一，过早使用课堂管理的"撒手锏"。"撒手锏"之所以称之为"撒手锏"，一般是在最后关头才使用。有时候，"撒手锏"作为悬而未决的威慑力量，也是发挥其作用的一种方式。案例 17.1 中，当一个学生在回答问题的时候，另有一个学生未经教师同意就"粗鲁地喊了一声"，影响了课堂教学的秩序。对于这一课堂违纪行为，哈里老师没有经过审慎地考虑，就轻易地抛出了课堂管理的"撒手锏"，即"下一个制造干扰的学生会被惩罚去校长办公室"。

哈里老师这一做法，至少存在以下三方面的问题。

首先，没有惩罚破坏纪律的学生。哈里老师对课堂中叫喊的学生，没有采取任何课堂管理措施，既没有进行惩罚，也没有任何批评，甚至连起码的交流都省掉了。哈里老师这样的做法，难免让其他因违纪而受罚的学

---

① [美] Marilyn L. Page. 让学生都爱听你讲——课堂有效管理 6 步法 [M]. 屈宇清，咸桂彩译. 北京：中国轻工业出版社，2010：126～127.

生感到不公平。

其次，没有分析原因，也没有采取有针对性的措施。学生出现思想不集中、破坏课堂纪律的情况，与哈里老师的课堂教学本身缺乏吸引力密切相关。学生们明显对冗长的问答兴趣寥寥。哈里似乎对此缺乏深刻的认识，也没有调整自己的课堂教学。

最后，随意地抛出了"撒手锏"。哈里老师发现有课堂纪律问题，在没有尝试其他常规课堂管理措施的情况下，就直接使出了"撒手锏"。实际上，哈里老师完全可以先采取其他的课堂管理措施，毕竟学生的课堂违纪行为还谈不上严重。

第二，坚持按照"撒手锏"惩罚学生。课堂管理的"撒手锏"不用则已，一用则要确保其发挥实实在在的作用。否则，不仅课堂管理陷入越发难以控制的局面，教师的威信也会大受打击，"撒手锏"的使用也就成了一场"闹剧"。案例17.1中，哈里老师过早抛出"撒手锏"是不妥当的，但其坚持按照"撒手锏"来惩罚学生却是值得肯定的。案例中，在哈里老师拿出"撒手锏"之后，很快就有学生"以身试法"了。有一个学生无视教师的警告，大声地发出了"哞……"的声音。对于这一严重干扰课堂教学秩序的违纪行为，哈里老师就按照"撒手锏"的要求，让违纪的学生去校长办公室。虽然违纪学生一再拒绝领受惩罚，但哈里老师却一点也没有松口，坚持让学生去校长办公室。因为哈里老师明白，一旦使用了"撒手锏"，往往意味着自己已经没有退路了，只能一条道路走到底了。

第三，守住底线，不与学生发生争辩。在课堂管理中，遇到拒绝接受惩罚的违纪学生，教师需要心平气和地解释原因，让学生明白自己的错误，按照课堂制度的要求领受惩罚。教师需要注意的是，不要与学生发生争辩。一旦发生了争辩，容易导致师生双方的情绪失控，给课堂教学带来更多的负面影响。案例17.1中，违纪学生不但拒绝去校长办公室，而且几次与哈里老师争辩,试图为自己的行为开脱责任。哈里老师当然清楚学生是犯错的一方,学生的辩解其实是"强词夺理",但哈里老师更清楚在课堂上与学生争辩是不智之举。因此,尽管哈里老师没有更好的方法管理学生的"不服管教",但至少做到了守住底线,不与学生发生争辩。哪怕是违纪学生试图几次与老师争辩,哈里也仅仅重复一句"去校长办公室"。

当然,哈里老师在学生课堂违纪的管理上,远远谈不上高明,而且,哈里老师在坚持不与学生争辩上,也发生了动摇,要不是过了五分钟就下课了,哈里老师差点就把持不住自己了。那么,站在哈里老师的立场,如何将课堂管理做得更妥当一些呢?实际上,哈里老师可以对学生说,"我们暂时不讨论这个问题,现在是上课时间,请不要浪费大家的时间。有什么不同意见课下再讨论。请你先冷静地思考几分钟。"然后,哈里老师就可以继续上课了。下课之后,哈里老师则要做好违纪学生的思想工作,必要的时候也可以陪同学生去校长办公室。

点睛笔：

1. "撒手锏"之所以称之为"撒手锏"，一般是在最后关头才使用。一旦使用了"撒手锏"，往往意味着自己已经没有退路了，只能一条道路走到底了。有时候，"撒手锏"作为悬而未决的威慑力量，也是发挥其作用的一种方式。

2. 课堂管理的"撒手锏"不用则已，一用则要确保其发挥实实在在的作用。否则，不仅课堂管理陷入越发难以控制的局面，教师的威信也会大受打击，"撒手锏"的使用也就成了一场"闹剧"。

3. 在课堂管理中，遇到拒绝接受惩罚的违纪学生，教师需要心平气和地解释原因，让学生明白自己的错误，按照课堂制度的要求领受惩罚。教师需要注意的是，不要与学生发生争辩。教师一旦守不住底线，与学生发生了争辩，就容易导致师生双方的情绪失控，给课堂教学带来更多的负面影响。

（三）学生行为的引导矫正

课堂管理的最终落脚点是学生行为的调整和改善。只有把学生的不良课堂行为引导矫正过来了，课堂纪律的执行才算真正落到了实处，也只有这样，才能真正做到课堂管理问题的"标本兼治"，才能从根源上解决困扰课堂管理的诸多纪律问题。

18. 立约定改变学生行为

在课堂管理中，我们常常发现学生的行为与课堂规范存在不少不合拍的地方。学生课堂行为的失范，不是一朝一夕形成的，教师也很难通过一两次教育批评，就能取得立竿见影的效果。要想课堂管理长久地取得良好的效果，就需要从根本上改变违反课堂制度学生的不良行为。改变学生课堂行为的方法应该为数不少，其中，教师可以通过与学生订立约定的方法，来引导和促进学生的课堂行为朝着良性的方向转变。

案例 18.1 不守纪律就不讲故事

记得小学时，我不喜欢语文，然而却十分渴望上语文课。所谓不喜欢，是因为很多生字难词让我头疼，主谓宾定状补搞得我稀里糊涂；为什么又渴望呢？那是因为杨老师在每堂课的最后 5 分钟，给我们讲故事，像《宝葫芦的秘密》《唐小西等下一次开船》……一般情况下，每堂课，杨老师都会给我们讲上一段。那时，我们对这些故事的着迷，不亚于现在孩子们迷恋网络的程度。我，为宝葫芦的神奇而痴迷，为唐小西老是赶不上点而着急，可每次杨老师一讲到入迷处，下课的铃声就响了，于是，我们就盼着下一堂语文课快快来临。

不过，这样的好事不是没有条件的，杨老师规定，如果有哪位同学不遵守课堂纪律，或者对老师的提问回答不上来，这堂课的故事就不讲了。我知道，那些好学生不是老师提问和"看管"的重点，而像我等同学，就要格外小心了，生怕一旦管不好自己的手脚，成为全班同学的众矢之的。不过，让我引以为豪的是，我的脚下功夫（踢××同学的脚）和手上功夫（揪××同学的辫子），却从来没有在杨老师的课堂派上过用场。因为每堂课的前四十分钟，我害怕大家戳脊梁骨，所以老老实实上课，认认真真听讲；后五分钟，因为杨老师那些娓娓动听的故事，让我聚精会神，全神贯注，几乎到了如痴的地步，哪还顾得上什么手上脚下的功夫！①

案例 18.1 中，杨老师的学生中有几个不喜欢语文的，而且他们还会上课思想开小差、不守纪律。对于这一让很多教师头疼不已的问题，杨老师找到了一个改变学生行为的"妙招"，即在每节课的最后 5 分钟讲学生喜爱听的故事。并且，杨老师还与学生立了一个约定，即所有的学生都做到了遵守课堂纪律，以及能够回答老师的提问，才能让学生享受听故事这样的好事。分析杨老师的课堂管理细节，有以下两个地方值得我们学习借鉴。

第一，找到让所有学生都喜爱的课堂小插曲。课堂小插曲有时是教学内容之外的一种活动安排。之所以安排教学内容之外的活动，主要是试图

---

① 赵国忠. 透视名师课堂管理——名师课堂管理的 66 个经典细节 [M]. 南京：江苏人民出版社，2007：37～38.

吸引学生的注意力，起到改善课堂教学环境，以及提升课堂教学质量的作用。案例18.1中，杨老师在每节语文课的最后5分钟，安排了一个课堂小插曲，即特意给学生讲故事。这一安排得到了所有学生的欢迎和钟爱，也为接下来与学生就课堂纪律问题立约定奠定了坚实的基础。

显然，杨老师在安排这一课堂小插曲时花了一些心思。

首先，深入了解学生，使所讲故事符合学生的兴趣爱好。杨老师选择的故事是有讲究的，那就是所选的故事是学生喜爱的，是愿意听的。而要做到这一点，教师必先要进入学生的生活世界，深刻地了解学生。

其次，打破教学常规，在语文课上挤出时间讲故事。讲故事并非语文课的教学内容，杨老师能在语文课上硬是挤出5分钟时间来讲故事，正是一种打破教学常规的创新之举。

最后，每节课都讲上一段故事，让学生在祈盼中迎来下一节语文课。杨老师每节课都只讲一段故事，在学生们感觉到"入迷"时就被下课铃打断了，这样差不多每次讲的内容都能留下悬念，让学生们"欲罢不能"，从而让他们喜欢上语文课，盼望上语文课。

第二，与学生约定每堂课讲故事的前提条件。案例18.1中，杨老师把讲故事作为课堂管理的特殊手段。杨老师与学生约定，听故事不是"免费的午餐"，而是有前提条件的。杨老师与学生约法三章，"如果有哪位同学不遵守课堂纪律，或者对老师的提问回答不上来，这堂课的故事就不讲了"。这一约定看上去似乎平淡无奇，但却体现高超的课堂管理技巧。透过这一特殊的课堂管理措施，我们可以发现"约定"具有以下三方面的特征。

首先，教师掌握约定主导权。案例18.1中的约定是教师提出来的，约定的具体内容也是教师规定的，约定的执行也是掌握在教师手中的。这样，教师就牢牢把握了"约定"的主导权，把自己的课堂管理理念和目标渗透在其中。

其次，约定本身具有约束力。课堂管理的约定能否发挥作用，判断的标准是对学生的行为是否具有约束力。案例18.1中的约定之所以具有约束力，在于教师把讲学生喜爱的故事与约定"捆绑"在一起。于是，约定的约束力除了有来自教师的约束，更主要的是来自学生之间相互的监督和舆论约束。

最后，约定能起到引导作用。约束学生的行为是课堂管理的阶段性目标，改善学生的课堂行为，才是课堂管理的终极目标之一。案例18.1中的约定，在约束学生不能做什么的同时，也提出引导学生应该做什么的建议。随着学生长期按照良好的课堂行为要求自己，约定也就成为改变学生行为的契机和动力。

当然，在课堂管理中，立约定来引导学生行为调整，还有其他需要注意的一些事项。比如，约定要有可操作性，内容条文要具体，避免抽象和模糊；约定要具有执行力，能够落到实地；约定要有认同度，能够被广大的学生认可，不能成为教师的"自说自话"；如此等等。

点睛笔：

1. 每节语文课都讲上一段故事，在学生感到"入迷"时就戛然而止，这样就能留下悬念，让学生"欲罢不能"，从而让他们喜欢上语文课，盼望上语文课。

2. 案例中，杨老师把讲故事作为课堂管理的特殊手段。杨老师与学生约定，听故事不是"免费的午餐"，而是有前提条件的。杨老师与学生约法三章，"如果有哪位同学不遵守课堂纪律，或者对老师的提问回答不上来，这堂课的故事就不讲了"。这一约定看上去似乎平淡无奇，但却体现高超的课堂管理技巧。

3. 约束学生的行为是课堂管理的阶段性目标，改善学生的课堂行为才是课堂管理的终极目标。师生共同的约定，在约束学生不能做什么的同时，也要有引导学生应该做什么的建议。随着学生长期按照良好的课堂行为要求自己，约定也就成为改变学生行为的契机和动力。

19. 每堂课都从整队开始

教师在开展课堂管理的过程中，可能会遇到一些比较棘手的问题。比如说，有的班级课堂秩序问题较大，不守课堂纪律的现象随时发生，甚至成了整个课堂的"风貌"。这种状况、这样的问题如何解决？只能说具体的情况不同，方法亦不同。但不管怎么说，要解决这样的问题都是一件困难的事情。作为课堂管理者的教师，要迎难而上，做到善于观察和思考，要学会从课堂的细节入手，着力改变学生的行为习惯。

案例 19.1　从整队开始改变学生不守纪律

刚接触小学生这段时间里，对于他们在课堂上表现有喜有忧，喜的是他们都很活泼，很可爱，很喜欢动脑思考；忧的是他们在活泼当中略显好动，不守纪律，喜欢自己做自己的，根本不听或者说没有自我控制力，不自觉地就开始动动嘴皮子或嘻嘻哈哈。为此，我决定想出对策，怎么办呢？那就从整队开始……

在开学的初期，我观察过我所教的每个班级，在每堂课的开始阶段都有队伍整理这个环节，看似很不起眼的一个环节，却对整堂课起着关键性的作用。四（5）班是个再平常不过的班级，他们也"拥有"此"问题"，这个班级本地生和外地生差不多各占一半，每个学生的性格各有不同，以至于在上课时出现任何情况就不足为奇。

为此，我就从这个环节入手，对这个班级的课堂常规进行修改，给他们列出了体育课堂中需要注意的常规,并对不懂之处进行讲解。首先,我对这个班级的体育委员人选进行调整,由金同学担任四(5)班体育委员。虽说这个学生个子不怎么高,但是他办起事情来却有模有样,也善于模仿。接下来,通过几节课的学习和课外的练习,金同学已经能够很好地整理队伍了,并且每次交给他的任务,都完成得很好。在他管理下,体育课堂整体风貌也有所改变。每次金同学在集合队伍时,其他学生都很认真地配合体育委员进行排队、整队。我也经常在课堂上或课后对四(5)班学生进行表扬、鼓励,希望他们再接再厉,做得更好。[①]

案例19.1中,教师发现四(5)班的体育课堂存在课堂纪律问题,主要学生不听教师指令,随意说话现象比较严重。教师经过观察和比较,发现在开始阶段有着整队环节的班级,课堂纪律一般都比较好。于是,教师在课堂管理中运用了"整队"这一措施,并起到了良好的管理效果。

第一,仔细观察,分析课堂管理中发现的问题。案例18.1中,教师发现自己所执教的四(5)班存在较大范围的课堂纪律问题,相当一部分学生在课堂中存在违反课堂纪律的行为。他们要么不听教师指令,自顾自做着自己喜欢的事情,要么在课堂上嘻嘻哈哈,随意说话。对于这种情况,案例中的教师开始积极地寻找对策。经过分析,教师可能觉察到,光靠口头说教似乎难以收到理想的效果,因为学生的构成相对复杂,他们对于教师指令的执行并不理想。于是,教师对所教的每个班级都进行了观察。经过仔细观察,教师发现课堂教学中凡是有着队伍整理这个环节的班级,课堂纪律似乎都比较好。据此,教师得出一条课堂管理的经验,即貌似不起眼的队伍整理,却对课堂纪律有着关键性的作用。

第二,调整体育委员,着手整顿课堂违纪行为。案例19.1中,教师在

[①] 戴勇庆. 小学生体育课堂管理案例,[EB/OL]. http://blog.wlteacher.org/main/person/newteacher/student/material/view? id=858404.

找到解决课堂纪律问题的对策之后，就开始实施这一课堂管理的特殊手段。教师明白，光靠自己来整理队伍，可能并非是一个长久之计，这就需要找一个学生来帮助自己整理队伍。于是，教师决定调整该班的体育委员。经过一番考量，教师物色了金同学来担任新的体育委员。虽然金同学个子不高，但教师选他担任体育委员却有着充足的理由，即这个学生"办起事情来却有模有样，也善于模仿"。应该说，案例中的教师在选人用人方面是经过仔细考虑的。身高什么的并不重要，关键是要能办好教师交代的事。所以，"办起事情来却有模有样，也善于模仿"的金同学进入了教师的视野。

第三，坚持推行整队，寻找机会经常激励学生。案例19.1中，在体育委员的新人选确定下来之后，在上课刚开始的阶段进行队伍整理，也就进入了正式实施阶段。一开始的时候，金同学需要向老师学习队伍整理的要求和规范，在课堂学习之后，还利用课外时间进行必要的练习。经过一定的训练，金同学已经能够胜任整理队伍的任务了。自从四（5）班的体育课多了整理队伍这一教学环节之后，课堂的整体风貌有所改变，课堂秩序也朝着好的方向发展了。教师在看到这种良好变化的同时，心中其实也非常清楚，改变一个班级的学生违纪行为，单一课堂管理措施的效果还是比较有限的。对此，教师使出了另一个"招数"，即利用各种机会，经常对四（5）班学生进行表扬、鼓励，以激励他们在课堂行为调整上"再接再厉，做得更好"。

总之，案例19.1中的教师，在调整四（5）班学生课堂行为的过程中，花了不少的心思，也取得了比较好的管理效果。这个案例带给我们一个启示，即课堂管理的问题层出不穷，每一位教师遇到的课堂管理问题也不尽相同，对于这种情况，其实并不存在"包治百病"的课堂管理方法。这就需要教师在学习借鉴他人课堂管理经验的同时，仔细观察，多多开动脑筋，自己发掘解决课堂问题的适用方法。

> **点睛笔：**
>
> 　　课堂管理并不存在"包治百病"的"灵丹妙药"。课堂管理的问题层出不穷，每一位教师遇到的课堂管理问题也不尽相同，对此，教师在学习借鉴他人经验的同时，还要做到善于观察和思考，要学会从课堂的细节入手，自己发掘解决课堂问题的适用方法。

20. 学生的纸飞机做书签

课堂教学中，学生会思想开小差，甚至做着与课堂教学无关的事情。对于这种现象，教师要及时地制止，而不能听之任之。但在简单的制止之外，教师还需要做些什么呢？是粗暴的"体罚"，还是严厉的教育批评？除此之外，有没有更好的办法？实际上，课堂管理并不见得要靠惩罚和批评才能奏效。高超的课堂管理艺术，可以通过教师一些特定的行为，让学生自我反省，认识问题，从而调整和改善自己的课堂行为。

案例 20.1　"飞机"，胜过指导

学生认真做着习题，只有他在折纸飞机，纸飞机飘落在旁边的走廊中。我若无其事地走过去，轻轻拾起纸飞机夹在我的数学书里。他边做题目边紧张地偷看我。我没有责备他，似乎什么事情也没有发生。我的"不作为"反而让他一直"认真"到下课。

第二天上课，他特别认真，我知道他担心着昨天的那件事。我有意无意地打开数学书，露出那只纸飞机的一角，我发现他由紧张变成惊讶——纸飞机竟然成为我的书签，接着他的眼中流露出一种感激。此后，这只纸飞机一直牵引着他、激励着他认真学习。[①]

案例 20.1 中，教师布置学生做习题，但有一个学生却旁若无人地折纸

[①] 严育洪. 这样教书不累人 [M]. 北京：教育科学出版社，2009：142.

飞机，并且还让其飘落在地。对于这一课堂违纪行为，教师没有简单地教育批评了事，而是轻轻拾起纸飞机以后，就当作没有发生什么事情一样。第二天上课的时候，教师创造机会，让学生发现纸飞机已经成了教师的书签。分析这一成功的课堂管理，我们可以学习借鉴以下三个细节。

第一，拾起纸飞机，制止学生违纪行为。课堂教学中，教师要及时地制止学生的违纪行为。这是课堂管理需要遵循的一条原则。案例20.1中，有一个学生在同学们做着习题的时候，悄然玩起了纸飞机。这个学生不仅在座位上折飞机，而且让纸飞机飘落在旁边的走廊中。教师发现这一课堂违纪行为之后，马上采取了相应的管理措施。教师若无其事地走到学生身边，并且轻轻拾起纸飞机，夹在自己的数学书里。教师这一无声的行为"告诉"学生，要遵守课堂纪律，在课堂上玩纸飞机是不允许的。

第二，不批评，不作为，当作无事发生。对于学生的违纪行为，教育批评或者是惩罚，常常不是最优的方案。有时候，教师不动声色的非言语行为，也能起到良好的课堂管理效果。案例20.1中，教师在"没收"学生的纸飞机之后，既没有批评学生，也没有惩罚学生，而是若无其事地走开了。相对于"暴风骤雨"般的教育批评，教师的做法显得那么"温柔"。教师的"放纵"，显然出乎学生的意料。虽然如此，学生在调整自己行为的同时，心情还是有些紧张，还可能担心教师的"惩罚"。学生"认真"又紧张的状态一直持续到下课。

第三，有意让学生发现纸飞机的新用途。在课堂管理中，教师在没收学生玩的"物品"之后，不能束之高阁不管不问了，而是要以适当的方式给学生一个"交代"。案例20.1中，教师给学生"纸飞机事件"处理意见的反馈，放到了第二天上课的时候。教师没有在全班学生面前谈论此事，也没有专门找那个学生进行一番谈话，其做法仅仅是让学生"发现"纸飞机已经成了老师的书签，而且是数学书的书签。当学生看到这一幕的时候，心情由"担心"变成了"惊讶"，他的内心应该受到了不小的触动，表现在行为上就是从此之后更加认真学习。这样一来，学生的课堂行为也得到了改善。

总之，案例20.1中，教师在"纸飞机事件"上的课堂管理是比较独特的。从发现学生玩纸飞机，到没收学生纸飞机，再到反馈处理结果，教师与学生没有说过一句话，但就课堂管理的效果以及教育的效果来看，教师"无声无息"的处理方式，也是一种有效的方法。教师用纸飞机做成的书签，代替了自己"不厌其烦"的说教。但此时的"纸飞机"，却承载向学生传递教师心意的功能。学生在教师的行为中，默默读懂了教师的心意，深刻反省了自己的问题，并且下决心改变自己的学习态度和课堂行为。此时，无声、沉默的教育效果，胜过了有声的说教。

这个案例给我们一个启示，引导和调整学生课堂行为是有多种方法、方案可供选择的，教师没有必要拘泥于一种方式——特别是一见学生违反课堂纪律，就非得进行苦口婆心地说教，或者一定要给学生处罚，给他们一点"颜色"看看。殊不知，学生的内心是敏感的、脆弱的，而且还有着多元的诉求。在引导违纪学生课堂行为调整上，教师需要因时、因地、因人采取适当的课堂管理方法，最好是别出心裁的"妙招"。

无论教师采取什么样的课堂管理方法，都一定要考虑到学生的个性特征，避免"一招鲜，吃遍天"的思维定势。不管是什么样的课堂管理方法，也只是适合特定的学生，适应特定的场景，不可能所有的课堂管理问题都迎刃而解。当教师以一种方法"不变应万变"的时候，此方法也就失去了针对性和灵活性，常常也起不到预想的效果了。

点睛笔：

　　1. 教师用纸飞机做成的书签，代替了自己"不厌其烦"的说教。但此时的"纸飞机"，却承载向学生传递教师心意的功能。学生在教师的行为中，默默读懂了教师的心意，深刻反省了自己的问题，并且下决心改变自己的学习态度和课堂行为。此时，无声、沉默的教育效果胜过了有声的说教。

　　2. 教师没有必要拘泥于一种方式——特别是一见学生违反课堂纪律，就非得进行苦口婆心地说教，或者一定要给学生处罚，给他们一点"颜色"看看。殊不知，学生的内心是敏感的、脆弱的。

　　3. 无论教师采取什么样的课堂管理方法，都一定要考虑到学生的个性特征，避免"一招鲜，吃遍天"的思维定势。不管是什么样的课堂管理方法，也只是适合特定的学生，适应特定的场景，不可能所有的课堂管理问题都迎刃而解。

21. 批评另一方更有效果

课堂教学中，学生聊天、说话是一种比较常见的违纪行为。学生之间的聊天通常有发起者，也有"被动"的接话者。对于这种情况，教师要么是重点批评课堂说话的发起者，要么是将参与聊天的学生通通说教一番，而很少专门处罚课堂聊天的接话者。从课堂管理的实际效果来看，假如教师特意把目光聚焦到课堂说话的接话者身上，那么在引导和调整学生课堂违纪行为方面，往往能起到"四两拨千斤"的效果。

案例 21.1 你能告诉我第二次警告后会怎样吗

教师：很好。要绝对安静，大家才能集中注意力。

（教师讲解学生要完成的功课，在黑板上写下题目和日期，并问是否懂了。）

教师：好，看时间我们现在还剩下 15 分钟就下课了。我给你们 10 分钟时间来完成这项功课，这样我们下课前会有些时间来整理一下。有问题吗？没有？那开始吧。

（学生们开始做功课，但其中一个叫艾米利的学生，开始跟邻近的同学聊天。）

教师：艾米利，你有问题要问我吗？

（点评：可以大致理解为："我已经问过全班同学有没有问题，没有人表示有问题，我已经告诉过你做功课的时候不要说话，那究竟为什么你要开始讲话?"结合使用"直视不语"的策略,希望这会让艾米利安静下来。)

(艾米利安静了,但几分钟之后,她又开始说话了。)

教师:艾米利,我讲得很清楚做功课的时候不要说话,现在是第一次警告。明白了吗?

艾米利:明白了。

(艾米利又安静下来,但几分钟之后,她又开始跟她的朋友杰希卡讲话。)

教师:杰希卡,看得出来你现在也打算开始讲话。现在是对你的第一次警告,你能告诉我第二次警告后会怎样吗?

杰希卡:处罚一次?

教师:说得对。第一次上我的课就要受到处罚会很遗憾,不是吗?请你现在开始安静地做功课,不要再打扰别人。同学们,我们现在还有5分钟的时间。[①]

案例21.1中,教师给学生布置了课堂练习,并且要求学生保持绝对安静。大多数学生都开始做功课,但一个叫艾米利的学生却跟邻近的同学聊天。教师先后两次提醒艾米利不要说话,但艾米利却管不好自己的行为。这时,教师对接话者杰希卡发出了警告。在这个过程中,教师的课堂管理细节可以从以下几方面进行分析。

第一,从侧面提醒学生要保持安静。案例21.1中,教师布置学生做功课之前,已经特别强调课堂纪律,即要保持课堂的安静,但学生艾米利却无视这一规定,公然与同学开始聊天。无疑,艾米利的行为破坏了课堂秩序,违反了课堂纪律。对此,教师先是比较客气地从侧面提醒她。教师的

[①] [英] 苏·考利. 初为人师——教师职业生涯第一年 [M]. 宋旸译, 北京师范大学出版社, 2006: 53~54.

具体做法是向艾米利发问,"你有问题要问我吗"。在这里,教师对于学生艾米利的违纪行为没有直接批评,而是比较有策略地问艾米利要问什么问题。教师的言下之意是:如果有什么问题可以问老师,不要和同学说话;如果没有什么问题,那就遵守课堂纪律,认真做练习。教师以暗示之语来提醒艾米利注意课堂纪律,体现了对学生的尊重,也容易为学生接受。果然,艾米利不再讲话,变得安静了。

第二,对再次违纪的学生发出警告。案例 21.1 中,在教师的提醒之下,学生艾米利确实安静了几分钟,但好景不长,艾米利很快就管不住自己的嘴巴了。教师明白,对于再次违反课堂纪律的学生,只是从侧面进行旁敲侧击已经起不到多少作用了,这时候必须明确地指出学生的错误,或许还有必要对学生进行一定的惩罚。在这种情况下,教师向艾米利重申了课堂纪律,对艾米利说"我讲得很清楚做功课的时候不要说话"。在重申课堂纪律之后,教师明确地对艾米利提出警告。教师明确的指令和警告起到了一定的作用,艾米利表示自己"明白了",并且再次安静了下来。

第三,对陪同聊天的学生重点警告。案例 21.1 中,艾米利的自我控制能力比较差,教师的提醒和警告只能让艾米利安静几分钟。不过,几分钟之后,她的"老毛病"又犯了,她又开始跟她的朋友杰希卡讲话了。教师已经意识到,对学生艾米利的课堂管理措施效果并不好,这时候如果再次批评或惩罚艾米利,也不见得能够取得理想的效果。那应该怎么办呢?案例中教师改变了课堂管理的策略,把调整学生行为的重点放在了杰希卡身上。

教师先是指出杰希卡违反课堂纪律的行为。教师说,"杰希卡,看得出来你现在也打算开始讲话。"教师的言下之意是,你虽然还没有开始说话,但还是违反了课堂纪律,即不做功课听艾米利讲话,并且似乎要与艾米利接话了。接着,教师对学生杰希卡提出了第一次警告,并且询问杰希卡"第二次警告后会怎样",从而提醒杰希卡第二次警告后会受到处罚。在与杰希卡进行一次问答之后,教师又反问句的方式提醒杰希卡,不要第一次上自己的课就受到处罚,否则那将会是一件非常遗憾的事情。然后,教师对杰希卡的行为规范提出了要求,即"安静地做功课,不要再打扰别人"。这样,就为杰希卡的行为调整指明了方向。

案例21.1虽然没有对教师批评杰希卡的管理效果进行描述,但我们可以推测得到的是,在之后的5分钟直至下课,课堂纪律应该都是比较理想的。教师对于课堂聊天发起者"置之不理"而批评接话者的做法,有时也是一种行之有效的课堂管理策略。一方面,相对于课堂聊天的发起者,接话者应该更加容易接受教师的劝告。当接话者明白自己的行为违反了课堂纪律,一般会做到不再搭理课堂聊天的发起者。一般来说,当没有人接话的时候,课堂聊天的发起者也就没有讲话的兴趣了,毕竟"一个巴掌拍不响"。另一方面,批评课堂聊天的接话者,也能起到提醒课堂聊天发起者的作用。对接话者的批评,或许会让发起者感同身受。这是因为聊天发起者的违纪问题更加严重,当他(她)看到受到"牵连"的同学都受到了批评,内心很可能会暗暗自责,进而自觉反思并改正自己的行为。

点睛笔：

1. 对于学生的课堂聊天行为，教师没有直接批评，而是比较有策略地问学生要问什么问题。教师的言下之意是：如果有什么问题可以问老师，不要和同学说话；如果没有什么问题，那就遵守课堂纪律，认真做练习。教师以暗示之语来提醒学生注意课堂纪律，体现了对学生的尊重，也容易让学生接受建议。

2. 教师对课堂聊天发起者"置之不理"而批评接话者的做法，也是一种行之有效的课堂管理策略。相对于课堂聊天的发起者，接话者应该更加容易接受教师的劝告。批评课堂聊天的接话者，也能起到提醒课堂聊天发起者的作用。对接话者的批评，或许会让发起者感同身受。

22. 很高兴你能回答问题

课堂管理的过程中，教师常常会遇到个别"特殊"学生，他们不仅不时地游离于教学之外，还会故意做出破坏课堂秩序之举。这些"屡教不改""明知故犯"的学生，是教师课堂管理中调整学生行为的重点和难点。引导和调整特殊学生的课堂行为，教师既需要具有十二分耐心，又需要具备一定的能力素养和教育智慧。

案例 22.1　把表扬送给一个特殊学生

班上一个学生总喜欢故意做出一些怪异举动来吸引同学。一次，梁老师让他回答问题，他站起来后，一连串"惊天动地"的举动随之而来——先是凳子咣当倒地，后又是桌上的书哗啦泻地。这一切方过，他的身体语言又接踵而来——抓耳、挠腮、耸肩、抖脚，总之，身上的每一个"零部件"都在动，引得全班同学笑不可抑。梁老师郑重地制止了大家的笑，然后平和地示意他回答。他答了，口中仿佛含了一个橄榄，说话含混不清，又引起一阵窃笑。但老师充分肯定了他，并鼓励说："很高兴你能回答老师的问题，但能不能说得更清楚一点？"他的神情变得庄重起来，努力地又说了一遍，尽管未有多大起色，但老师还是把表扬送给了他："很好，比刚才好多了，说明你完全可以做得更好，不是吗？"这时他的脸上充满了感激与振奋。之后的每一堂课，梁老师发现他都在努力地听讲。[①]

案例22.1中，教师叫了一个总喜欢破坏课堂纪律的学生回答问题。不出所料，在这个学生站起来的过程中，充分地展现自己特立独行的一面，而且还引起全班同学的哄堂大笑。教师似乎对此"不以为然"，在制止学生们的笑声后，心平气和地示意学生回答。虽然学生的两次回答都有点口齿不清，但教师还是给予了充分的肯定和表扬，最终促进了该生课堂行为的转变。在这个过程中，教师的课堂管理细节有以下几处值得我们学习借鉴。

第一，郑重地制止了大家的笑，然后平和地示意学生回答。案例22.1中，梁老师叫了一个喜欢"作怪"的学生回答问题。果然，这个学生在回答问题之前，弄出了不少动静——"先是凳子咣当倒地，后又是桌上的书哗啦泻地"，随后，又"抓耳、挠腮、耸肩、抖脚"，似乎"身上的每一个'零部件'都在动"。学生的怪异举动，引得全班同学都情不自禁地笑了起来。对于这种破坏课堂秩序的举动，梁老师似乎不以为忤，在郑重其事地制止了大家的笑声之后，梁老师才心平气和地示意学生可以回答问题了。

在这个过程中，梁老师好像也没有采用什么特别的措施，但其课堂管理的细节之处却值得我们回味。首先，对学生怪异的举止见怪不怪，保持了一颗平常心。其次，郑重其事地制止学生们的笑声，体现了对回答问题学生的尊重。最后，平和地示意学生回答问题，映射出了老师的鼓励。

第二，对学生能回答问题表示赞赏，并提出了改正的要求。案例22.1中，学生在教师期许的目光中，倒是回答了问题。这个学生可能没有做好回答的准备，或者是学习基础较差，对正确回答问题缺少信心，因而回答问题的时候"口中仿佛含了一个橄榄，说话含混不清"。这次，这个学生

[①] 徐岭. 课堂意外：是挑战更是机遇 [J]. 思想理论教育·新德育（下半月），2007，(2).

应该没有故意"作怪",但其"别样"的表现,还是引起了同学们的一阵窃笑。不过,教师心中明白,尽管这个学生的表现,与其他学生相比乏善可陈,但与其个人过去相比,却有着不少的提高。于是,教师对学生的回答给予了充分的肯定,说自己"很高兴"。并且,教师还提出了进一步改善的要求,即"能不能说得更清楚一点"。在这里,教师不是单纯的表扬、简单的表扬,而是把表扬与行为改善有机结合在一起。

第三,不吝对学生大力表扬和肯定,以及表达教师的期望。案例 22.1 中,学生在教师连续鼓励之下,精神状态发生了变化——"神情变得庄重起来",反映在他的行动上,则是"努力地又说了一遍"。可见,此时学生的内心受到了震动,教师连续的鼓励开始发挥了作用。尽管学生的回答还没有多少改观,但教师心里非常清楚,学生已经努力了,已经朝着好的方向去改变自己了,所以教师再次给予了学生充分的肯定和表扬。教师没有空泛地口头表扬学生,而是将学生的第二次表现和第一次表现进行比较,得出"比刚才好多了"的结论。这样的表扬言之有物、持之有据,会让学生觉得真实可信——相信老师是认真关注自己并给予表扬的。在此基础上,教师还指出学生"完全可以做得更好"。这句话既是前面表扬的延续,也表达了教师的一点期望,即希望学生今后有更好的表现。教师的话音刚落,学生的脸上表现出了"感激与振奋"的神情。

教师课堂管理的成功,与其摸准了学生心理有关。这个发出"惊天动地"响声的孩子,就是因为教师的长期忽视使他远离"教学任务",从而产生"对抗"心理。教师没有把他的问题行为视为消极的干扰因素,依仗权威的力量进行纪律约束,而是淡化问题行为,通过"任务唤醒"使学生感受到尊重与关怀,自然地消除"游离"状态,投入到学习过程中。[①] 从

[①] 徐岭. 课堂意外:是挑战更是机遇[J]. 思想理论教育·新德育(下半月),2007,(2).

课堂管理的角度来理解，就是在教师的引导和帮助下，学生最终转变了自己在课堂中的"怪异举动"，从不守课堂纪律、破坏课堂秩序的学生，变成了认真学习、遵守纪律的学生。

总之，教师在课堂上多次给予特殊学生的肯定与表扬，给这个学生的内心注入了强大的动力。在此之后的每一堂课，学生的行为发生了很大的变化，做到了"努力地听讲"。这个学生之所以一改过去时常"游离"于教学外的状况，主要在于教师对学生的真心尊重和持续激励。

点睛笔：

　　教师没有空泛地口头表扬学生，而是将学生的第二次表现和第一次表现进行比较，得出"比刚才好多了"的结论。这样的表扬言之有物、持之有据，会让学生觉得真实可信——相信老师是认真关注自己并给予表扬的。

23. 我们叫小陈同学说说

在课堂教学中，有的学生会出现注意力"转移"的情况，即不再跟着教师的教学节奏走，而做起自己感兴趣的事情来。面对这种情况，教师肯定需要对学生的课堂行为进行干预。但很多教师却习惯于用教育批评的方式，让学生调整好自己的课堂行为。这种课堂管理方式，不能说没有什么效果，但其代价也不见得可以忽略不计。教师这样做，无疑会打断课堂教学进程，浪费宝贵的课堂教学时间，破坏课堂教学氛围，还很可能会伤害到违纪学生敏感脆弱的内心。因此，教师需要"另谋出路"，以做到既不对课堂教学产生很多干扰，又能很好地引导和调整学生的课堂行为。

案例 23.1　说说追星的利与弊

张老师先向学生展示有关活动的图片，然后问："你们知道这些明星是谁吗？"教师让学生辨认，学生很积极，课堂气氛既活跃又井然有序。但是有一个男生却津津有味地跟同桌探讨着，因为图片上的明星正是这个男生所喜欢的，看到喜欢的明星，男生的话题就源源不断了。张老师心里非常气愤，心想怎么有这么不守纪律的学生呢？本想大喊一声"不要吵"，但考虑到这样做有可能伤害他的自尊心，打击他学习的积极性，因此张老师克制住自己的情绪——微笑着指着图片中的一个明星，对全班学生说："现在不要说话了，我们叫小陈同学来说说这个明星有什么优点跟缺点？"这时，男同学非常认真地站起来进行分析。接下去的时间里，小陈始终在认真地听讲。①

案例 23.1 中，张老师要求学生根据图片来辨认明星，学生们都很积极、投入地与教师进行互动，但有一个学生却仿佛置身于事外，津津有味地跟同桌探讨起图片中明星的话题。对于这种情况，张老师克制了自己的不良情绪，并且特意让违纪的学生介绍明星的优缺点。果然，这一招课堂管理的措施取得了良好的效果。在这个过程中，我们可以从以下两方面来分析张老师的课堂管理细节。

第一，克制自己的情绪，调整自己的心态，分析学生课堂违纪的情况。

案例 23.1 中，有一个男生不顾课堂纪律，与同桌进行忘乎所以的聊天。教师看到这一幕不和谐的画面时，一开始感到非常气愤，对学生公然挑战课堂纪律的行为难以理解。但好在教师很快冷静下来，克制住自己有些失控的情绪，调整好有些失调的心态。在这个时候，教师内心围绕学生违纪问题快速地思考起来。

一方面，学生津津有味地跟同桌聊天事出有因。学生与同桌聊天的内容是图片中的某个明星。这个学生恰巧是该明星的"粉丝"，当看到该明星的图片时，忍不住要表达自己的想法，从而暂时忘记了课堂纪律。

另一方面，简单地用言语来训斥学生可能会适得其反。教师想到，假如当着全班同学的面，用带着个人情绪的言语训斥学生，不仅会影响学生的学习积极性，更有可能会伤害学生的自尊心。这样，即使教育批评取得了表面的效果，也可能在师生关系、学生的学习兴趣、学生的行为规范等方面埋下诸多"隐患"。

---

① 资料来源：http://101.jiangxi2011.teacher.com.cn/GuoPeiAdmin/HomeWork/ShowStudentHomeWork.aspx? HomeWorkStudentId ＝ 1578&cfName ＝ 201112081011578.

第二，微笑着指着图片中的一个明星，请学生小陈说说明星的优缺点。

案例23.1中，张老师在克制好自己的情绪之后，想到了一个能妥善解决学生小陈违纪问题的"妙招"，即特意点名小陈来介绍某个明星存在的优点和缺点。教师的具体做法可分为以下3个步骤。

首先，微笑着指着图片中的一个明星。微笑传达了教师友善的态度，能够让学生明白教师对其违纪行为的宽容。明星图片的选择显然也颇有讲究，教师所指的那个明星，应该就是小陈喜欢的明星。

其次，要求全班学生不要说话。让全班学生不再说话，实际上是给学生小陈接下来的单独发言创造条件。

最后，给学生小陈一个表达自己想法的机会。在做好铺垫之后，教师果断地邀请学生小陈发言，让小陈来"说说这个明星有什么优点跟缺点"。教师这样做，使小陈熟悉明星成了一个知识"优势"，并且有了更多的"用武之地"。

在这个过程中，教师始终没有提醒小陈要注意课堂纪律，也没有指责和批评小陈的违纪行为，但教师的课堂管理措施，却起到了上佳的效果。在此之后，学生小陈的课堂行为得到了根本性的转变，在接下去的时间里做到了认真地听讲。

总之，案例中教师的课堂管理是相当成功的，在不干扰正常课堂教学的情况下，机智地引导和调整了违纪学生的课堂行为。教师课堂管理的成功，有着多方面的原因，例如能够克制自己的不良情绪，能够做到尊重学生，能够仔细观察、了解学生的兴趣点等等。其中，找到学生违纪的原因以及挖掘学生的兴趣，并且把学生的兴趣与课堂教学结合起来，让学生介绍自己喜欢的明星，这可以说是课堂管理成功的关键点。

点睛笔：

  假如教师当着全班同学的面，用带着个人情绪的言语训斥学生，不仅会影响学生的学习积极性，更有可能会伤害学生的自尊心。这样，即使教育批评取得了表面的效果，也可能在师生关系、学生的学习兴趣、学生的行为规范等方面埋下诸多"隐患"。

24. 请学生回忆教学片段

课堂教学中，教师经常会遇到学生思想开小差的情况。学生思想开小差这种课堂违纪行为的发生，大多与学生的学习基础、学习兴趣和行为习惯有关系。特别是学习习惯差的学生，上课思想开小差对他们来说简直是"家常便饭"。即便是思想开小差会受到教师的批评和惩罚，但他们仍然"我行我素""屡教不改"。这对教师的课堂管理来说，是一项不小的挑战。那么，应该采取什么样的课堂管理措施，来引导和调整思想开小差学生的课堂行为？这个问题应该有多种方案，但并没有标准答案。在这里，我们将结合案例分析，介绍其中一种行之有效的方法。

案例 24.1　学生帮助教师回忆

上完课反思时，我需要记录一些教学片段，有时却想不全面，于是就请学生帮我回忆。学生在津津乐道中发现我总是记性不好，经常需要他们帮助还原课中的情境，他们就自觉地专心听课和倾听同学的发言，以备课后我的查询。当我发现这一教育玄机后，我有意多次请求一个上课喜欢开小差的学生的帮助，使他在不知不觉中改掉了坏毛病。[①]

案例 24.1 中，教师在做教学反思时，发现自己不能很好地回忆起某些教学片段。于是，教师就请学生帮助自己回忆和重现某些教学片段。为了

---

① 严育洪. 这样教书不累人 [M]. 北京：教育科学出版社，2009：89.

能更好帮助教师，学生们在课堂上变得更加专心、更加认真。教师看到这一方法对于课堂管理的作用之后，就特意多次请求一个上课经常开小差的学生来帮助自己，从而促使该生在不知不觉中规范了课堂行为。案例中教师的课堂管理细节，可以从以下两方面进行分析。

第一，请学生帮助自己还原教学的一些片段，并发现这一做法的课堂管理效果。案例24.1中，教师在课后做教学反思时，遇到了一个小小的问题——不能回想起某些需要记录的教学片段。为了解决这个小问题，教师想到了一个办法，即请学生来帮助自己回忆教学片段。教师的本意或许是仅仅让学生帮助自己，解决个人在撰写教学反思上遇到的小麻烦。教师没有想到的是，学生非常乐意帮助老师，而且还乐此不疲。为了更好帮助老师回放教学片段，学生加强了对课堂教学情境的现场记忆，具体的做法是"自觉地专心听课和倾听同学的发言"。这样，教师请求学生帮助自己加快教学片段的做法，间接促进了学生课堂行为的调整，发挥了良好的课堂管理效果。

第二，将无意中采取的课堂管理措施放大，请求一个喜欢开小差的学生的帮助。案例24.1中，教师的无意之举，成了课堂管理的"妙招"，可谓是"无心插柳柳成荫"。教师心中非常清楚，假如把无意的课堂管理招数，变成有目标、有针对性的课堂管理措施，那么就会发挥出更好的效果。于是，教师把这一招数用到了一个上课经常思想开小差的学生身上。教师故意请求这个学生帮助自己回忆教学片段，一次又一次。果然，这一独特的课堂管理招数又一次发挥了作用，那个学生在多次帮助教师的过程中，渐渐地调整了自己的课堂行为，改掉了上课思想开小差的坏毛病。

总之，请学生帮助回忆教学片段，是另辟蹊径的课堂管理方法，在引导和调整学生课堂行为方面往往能收到奇效。当然，运用"请学生帮助回忆教学片段"这一课堂管理方法，在细节上需要注意以下事项。

首先,要做到不耻下问,不能端着架子。有的教师认为,自己是教学生学习的老师,在学科知识以及很多方面都要比学生高明。为了保持自己的形象,就不能请教学生问题,不能请求学生帮助。实际上,教师在真正碰到难处需要学生帮助时,千万别不好意思,因为"能帮老师"永远是学生盛情难却的荣耀,或许还能帮助自己获得意想不到的良好的教育效果。①

其次,要做到尊重学生,不能命令学生。在现实的学校生活情境中,教师要求学生帮自己做事,应该是司空见惯的事情。但很多教师要求学生帮自己的时候,并没有把学生放到对等的一方,给予充分的尊重。教师习惯于命令学生去做事,而很少用商讨的口气请求学生做某事。假如教师用上商讨的、征询的、请求的语气,那么学生是非常乐意帮助老师做事的。

最后,要做到循序渐进,不能操之过急。要从根本上改变学生不良课堂行为,并不是一件一蹴而就的事情,往往需要一个较长的时间周期。即便是课堂管理的方法对路,学生课堂行为也常是慢慢发生变化的。因此,教师一旦采取合适的课堂管理方法之后,就要有信心、耐心和恒心,在持之以恒的坚持中,逐渐地引导和调整学生的课堂行为。

---

① 严育洪. 这样教书不累人 [M]. 北京:教育科学出版社,2009:89.

点睛笔：

1. 请学生帮助回忆教学片段，是另辟蹊径的课堂管理方法，在引导和调整学生课堂行为方面往往能收到奇效。

2. 教师习惯于命令学生去做事，而很少用商讨的口气请求学生做某事。假如教师用上商讨的、征询的、请求的语气，那么学生是非常乐意帮助教师做事的。

3. 要从根本上改变学生不良课堂行为，并不是一件一蹴而就的事情，往往需要一个较长的时间周期。即便是课堂管理的方法对路，学生课堂行为也常是慢慢发生变化的。

25. 知道我现在的感觉吗

课堂教学中，教师可能会遇到学生行为暂时性失范的情况。平常课堂教学时表现不错的学生，可能在某个时刻、某节课出现了不良的课堂行为。这种课堂不良行为可能是个别的，也可能是集体的。如果是课堂中很多学生都出现了行为失范的现象，会给教师的课堂管理增加相当大的难度。我们都知道，简单、粗暴的批评说教并非上策，对调整和引导学生的不良课堂行为常常力有不逮。不过，教师假如能够结合课堂现场的情境，用幽默的话语来转移学生注意力，往往能够在学生的笑声中，自然而然地将他们的行为调整过来。

案例 25.1 我感觉自己在公共汽车里

有一次上课时学生特别浮躁，整个课堂动荡不安。于是我说："你们知道我现在的感觉吗？"学生的注意力被吸引过来了，我接着说："我感觉自己像是在公共汽车里。"学生们都笑了。可是笑过之后，秩序就好多了。[1]

案例 25.1 中，教师上课的时候，遇到了很多学生心态浮躁、课堂行为失范的现象。教师感觉整个课堂氛围是"动荡不安"的。结合课堂的现实情况和自己的感受，教师对学生说自己好像在公共汽车里。教师的幽默逗

---

[1] 王晓春. 课堂管理，会者不难 [M]. 北京：中国轻工业出版社，2010：150.

笑了学生，学生们在笑过之后，就心照不宣地调整了自己的行为。在这个过程中，教师的课堂管理细节可以从以下两个方面来分析。

第一，故意提问，转移和吸引学生们分散的注意力。案例25.1中，学生的情绪特别浮躁，相应地课堂行为也出现了偏差，而且，这还不是少数学生的现象。此时，教师感觉到"整个课堂动荡不安"。显而易见，在如此课堂氛围的影响下，课堂教学活动已经受到较为严重的干扰。这个时候，教师必须要采取一定的课堂管理措施，以矫正学生的失范行为。在这种情况下，很多教师会采取正面提醒的方式，而假如心平气和的提醒起不了多少作用的话，有的教师可能就会发一通火，对学生们进行一番教育批评，试图"强行地"把学生的状态"扭转过来"。

案例中的教师明白，此时用说教的方式来提醒学生，效果是非常有限的。所以，教师保持了冷静的心理状态，而且还灵机一动，想到了一个好办法。教师先是向学生提了一个教学内容之外的问题，即"你们知道我现在的感觉吗"。相对于略显枯燥的教学内容，这个问题是源于课堂情境的"活生生"的问题，是学生感兴趣的问题。而且，教师突然"莫名其妙"地问出这个问题，更能引起学生的好奇心。果然，问完这个问题之后，学生的注意力被吸引过来了，学生把注意力重新集中到教师身上。

第二，形象比喻，善意地提醒学生要遵守课堂纪律。案例25.1中，教师通过一个问题把学生注意力吸引过来之后，觉得时机已经成熟，可以公布问题的答案了。教师说"感觉自己像是在公共汽车里"。这个答案出乎学生的意料，而且是一个很好的笑点。所以，当学生听到这个答案之后，都不由自主地笑出声来。学生的发笑不仅没有对课堂秩序造成不良影响，反而在学生笑过之后，课堂的秩序和氛围都变得好多了。

为什么教师的"自问自答"能起到良好的课堂管理效果呢？对于自己提出的问题，教师公布的答案是"我感觉自己像是在公共汽车里"。在此，教师把教室比喻成公共汽车，这一比喻隐晦地指出学生是"躁动的乘客"，而且课堂的氛围也是"躁动不安"的，如此也就不动声色地对学生的行为表现提出了批评。学生也就能够意识到，自己的行为表现是不符合课堂规范的，也是教师不愿看到的。这样，笑声也给学生调整自己的行为添加了动力。

总之，教师幽默的一问一答，体现了较为高超的课堂管理艺术。从调整学生行为、重整课堂秩序的实际效果来看，教师的一问一答起到了"没有提醒胜过提醒""没有批评胜过批评"的作用。下面，我们将结合案例25.2，来探讨教师如何用幽默的话语，化解因为意外事件引起的学生行为暂时性失范。

案例 25.2　七七四十九

我们正在学习《卢沟桥的狮子》一课，当时，我正要说"七七事变"四个字，刚说出"七七"，"事变"二字还没出口，小文马上接了一句"四十九"，这时全班同学的目光一下集中在了小文身上，小文低着头，像一只等待审判的犯罪羔羊，看着这情形，我笑着对同学们说："小文真用功啊！上语文课还在背乘法口诀。"同学们都笑了……[①]

案例25.2中，为了组织学生学习课文《卢沟桥的狮子》，教师准备说"七七事变"四个字。不过，教师刚说出"七七"两个字，学生小文就不假思索地接了一句"四十九"。小文的意外表现，吸引了全班同学的目光。小文也发觉自己的无意之举，破坏了课堂秩序，于是就低了下头。小文低下头的原因，或许是过于尴尬，或许是陷入了自责，或许是等待老师的批评，或许是以上的原因兼而有之。但不管怎么说，学生小文此时的内心状态和外显行为，已经偏离了课堂教学的要求和课堂制度的规范。

[①] 资料来源：http://sq.k12.com.cn/discuz/forum.php?mod=viewthread&tid=603196&extra=page%3D4%26filter%3Dtypeid%26typeid%3D18%26typeid%3D18.

看到这种情形，教师不但没有发火，而且还带着笑容，机智地对同学们说："小文真用功啊！上语文课还在背乘法口诀。"这样，教师就把学生小文有些莫名其妙的"话语"，说成是学习用功的表现。教师幽默的话语，把学生们都逗笑了。可以想象得到的是，学生们的笑声不仅活跃了课堂气氛，也化解了小文的尴尬与不安，同时还能促使小文调整好自己的课堂行为。

点睛笔：

　　教师把教室比喻成公共汽车，这一比喻隐晦地指出学生是"躁动的乘客"，而且课堂的氛围也是"躁动不安"的，如此也就不动声色地对学生的行为表现提出了批评。从调整学生行为、重整课堂秩序的实际效果来看，教师的自问自答起到了"没有提醒胜过提醒""没有批评胜过批评"的妙用。

26. 行为矫正要多管齐下

课堂教学中,某些特殊学生、后进生是课堂违纪的高发群体。由于某些特别的原因,他们屡屡违反课堂纪律,破坏课堂秩序,却又屡教不改,成为课堂违纪的"专业户"。对于这些重点对象的课堂违纪行为矫正,是教师开展课堂管理必须要关注的。那么,如何来调整和矫正他们的课堂行为规范呢?其中的方法,在前面的分析讨论中已经有所涉及,在这里主要强调的是,要用多管齐下的方法来矫正这些学生的失范行为,以便"拔除"课堂不良行为的"钉子户"。

案例 26.1 **关注一个特殊学生**

我班上有一个男生,从小就有多动症,在座位上难坐 10 分钟,不是手脚乱动,就是嘴巴管不住,难得一节课安静。我安排他上课想说话就练字,每个星期给我检查。如果班干部和科任老师反映上课纪律差,就按班规处理。另外平时多表扬他。一个学期下来,原来名字都写不好的他,不但名字能写好,而且纪律观念大有进步。[①]

案例 26.1 中,教师针对一个有多动症的男生,采取数项课堂管理措施,并且坚持了一个学期。教师的努力取得了回报,原先"难得一节课安静"的特殊学生,课堂行为规范大有改善。细细分析,教师的课堂管理措

---

① 金成堂. 课堂管理反思[EB/OL]. http://ningdezx.2011.teacher.com.cn/feixueli2011admin/TeachingIntrospection/TeachingIntrospectionView.aspx?TiID=462.

施主要有以下几方面。

第一，用练字来克服上课说话。案例26.1中，男生的课堂行为偏差现象比较严重，在课堂中很难坐稳坐10分钟，"不是手脚乱动，就是嘴巴管不住"，而且，几乎每一节课都是这个样子。"手脚乱动"或许对课堂秩序影响不大，但"嘴巴管不住"则会严重干扰同学听课。针对该男生"嘴巴管不住"的行为偏差，教师采取了一项有针对性的课堂管理措施，即"安排他上课想说话就练字"。一旦练字了，学生就有事可做了，虽然还是游离于课堂之外，但至少不会影响到他人了。而且，每个星期教师对学生的"写字情况"进行检查，以起到了解、监督作用。

第二，严格执行课堂规章制度。案例26.1中，教师对"多动症男生"的课堂违规现象，绝不放之任之，而是严格按照有关的规章制度来处理。在这里，我们注意到这一项措施的两个细节：一是在课堂纪律上不搞特殊化。没有因为"多动症男生"的行为有其身心原因，就对其搞特殊化，而是对其课堂违纪行为该罚就罚，绝不放松；二是执行课堂纪律得到了班干部和科任老师的支持和帮助。案例中的教师应该是该男生的班主任，但要改变这个特殊学生的课堂违纪行为，光靠班主任一个人的力量是非常困难的。在执行课堂规章制度上，教师联合了多方力量，以团队合作的方式，共同帮助"多动症男生"改善课堂行为。

第三，平时寻找机会多加表扬。案例26.1中，教师对"多动症男生"课堂行为调整的前两项措施，都是惩罚性的措施，是约束其不良课堂行为的"大棒"。在此之外，教师在矫正男生课堂行为上也运用了表扬这一方法，可谓是引导其行为调整的"萝卜"。在课堂教学之外，教师就找机会多多表扬"多动症男生"，让他感受到正能量。教师的一手"硬"一手"软"，在特殊学生课堂行为的矫正上起到了良好作用。经过一个学期的努力，该生的课堂行为得到了明显的改善，"多动症男生"的"纪律观念大有进步",而且书写方面也有所提高。

总之,案例26.1中的教师多管齐下,"啃下"了课堂管理中特殊学生这块"难啃的骨头"。其中,从多个角度来采取课堂管理措施、严格要求和表扬激励结合、寻求班干部和科任教师的支持等细节,尤其值得我们学习借鉴。下面,我们将结合案例26.2,来探讨一下用打赌的方法,来矫正后进生不良课堂行为的做法。

案例26.2　我与学生打个赌

后进生有一个特点,喜欢和老师挑战,善于利用后进生这种心理,主动向他们发出挑战,能在很大程度上激发他们的好胜心。我在全班同学面前批评经常上课讲话开小差的某位同学时,故意贬低他:"不是我小看你,你这样下去成绩一定提高不了,不服气的话当着所有同学的面,我和你打个赌,你只要下次考试能够拿到70分(他平时考试一般60分),我就当着全班同学的面向你道歉,我承认我看错了!"这个学生在其他同学的鼓动下,欣然接受了我的挑战,在以后的时间里,他上课没有开小差了。

经过一段时间的专心听讲,脑瓜聪明的他在考试中居然考了75分。成绩进步了,他很兴奋,我的目的达到了,我自然也非常高兴。在语文课上,我当着全班同学的面向他道歉,当然我装着不服气的样子地说:"这次只不过是个例外罢了,下次考试如果你还能拿到75分,那我真的服你,如果你赢了,我在课堂上表演节目!"我又向他发出了挑战,这个学生好胜心又一次被激起,他又开始努力,以后这个学生的进步就可想而知了。[①]

案例26.2中,为了转变一个后进生的课堂违纪行为,教师在全班学生面前与他打了一个赌。在教师的"刺激"下,学生接受了挑战,接下来他上课变得认真起来,改变了上课开小差的不良课堂行为。在这个过程中,

---

① 赵国忠. 透视名师课堂管理——名师课堂管理的66个经典细节[M]. 南京:江苏人民出版社,2007:183.

教师的课堂管理细节可以从以下方面来深入分析。

第一，利用后进生的心理，主动向学生发起挑战。案例26.2中，教师故意贬低一位上课经常讲话开小差的学生，并且"断言"他这样下去成绩一定提高不了。教师还主动提出与这位后进生打个赌，具体内容是："你只要下次考试能够拿到70分（他平时考试一般60分），我就当着全班同学的面向你道歉，我承认我看错了！"这位学生当然不服气。为了证明自己，让老师当着全班同学的面道歉，再加上同学们的鼓动，这位学生欣然接受了来自老师的挑战。在以后的时间里，学生不忘应下的挑战，自觉地改变了课堂中讲话开小差的不良行为。

学生课堂行为的转变，说明教师的课堂管理措施已经奏效了。教师之所以能够采取如此贴切的课堂管理措施，是建立在他（她）对后进生心理的准确把握之上的。教师应该非常清楚：其一，后进生的课堂行为差可谓是"积习难改"，常规的说教与惩罚至多能起一时之效，治不了"标"更治不好"本"。其二，后进生内心也想找机会证明自己，因而来自教师的挑战往往能激发他们的好胜心。其三，故意贬低后进生之后，以教师的公开道歉为赌注与后进生打赌，等于挖了一个让后进生乐于去跳的"坑"。

第二，信守承诺，在全班学生面前向后进生道歉。案例26.2中，后进生为了在打赌中获胜，矫正了上课讲话开小差的不良行为，做到了专心听讲。过了一段时间之后，成绩取得了很大的进步，考到了75分，超过了与教师打赌的分数70分。这样，在与教师的打赌中，他就是"胜利"的一方。按照约定，教师要在全班学生面前公开道歉。教师做到了信守承诺，在语文课上公开向他作了道歉。有人可能会有疑问，教师向学生道歉是否会有损师道尊严，是否会削弱教师的权威？实际上，教师这么做不仅是诚信的表现，而且能拉近师生之间的距离，从而提升自己的正面形象，增强自己的威信和影响力。

第三，再接再厉，故意向后进生发出新一轮挑战。案例26.2中，看到学生的进步和兴奋劲，教师内心感到非常高兴。按理说，学生的课堂行为调整了，学习成绩也提高了，课堂管理已经取得了很大的成效，此时此刻，教师可以松一口气了。但教师明白，这个学生的良好状态还需要保持下去。作为教师，则需要再"推一把""帮一把"。于是，教师在道歉之后，故意装着不服气的样子说这次只不过是个例外。而且，教师向学生发出了新一轮的挑战，教师说"下次考试如果你还能拿到75分"，"我在课堂上表演节目"。面对教师的又一次挑战，学生的好胜心再度被激起。这样，这个学生就会保持努力的状态，原先的不良课堂行为也就不再容易反复了。

总之，这两个案例在矫正特殊学生不良课堂行为方面，都取得不错的成绩。案例26.1成功的关键在于综合运用各种方法，调动多方力量来调整学生的课堂行为。案例26.2中的教师则另辟蹊径，以自己的道歉、表演节目为"赌资"，与学生打赌，从而激发学生的自我管理能力，给学生调整个人行为以内生动力。

点睛笔：

1. 教师对"多动症男生"课堂行为的惩罚性措施，是约束其不良课堂行为的"大棒"；教师也运用了表扬这一方法，可谓是引导其行为调整的"萝卜"，能让其感受到正能量。教师的一手"硬"一手"软"，在特殊学生课堂行为的矫正上能起到良好的作用。

2. 后进生的课堂行为差可谓是"积习难改"，常规的说教与惩罚至多能起一时之效，治不了"标"更治不好"本"。其实，后进生内心也想找机会证明自己，因而来自教师的挑战，往往能激发他们的好胜心。

三、课堂活动的组织管理

　　课堂教学是由一个个活动排列组合而成的。精心组织好每一项课堂活动，是课堂管理题中应有之意。课堂活动多种多样，既包括上课前的准备活动，也包括上课时的导课、师生问答、分组讨论、课堂练习、板书演示等活动。只有精心组织管理好每一项课堂活动，才能确保课堂教学的整体质量和效率。

27. 教学活动组织要有章可循

课堂教学是有组织的活动。课堂教学的组织性，不仅体现在教学内容的设计上，也体现在教师对各种课堂问题的管理上。对于课堂教学中出现的种种现象，教师都要做到心里有数，要清楚遇到情况应该遵循什么的章程来处理，从而在保证课堂秩序的基础上，开展有效的课堂管理。否则，一旦课堂教学中出现了不曾料想的情况，教师的课堂管理就会进退失据，课堂活动会变得秩序失调，课堂教学的效率和质量也就无从谈起。

案例 27.1 忙乱的课堂

第二节课上机操作，由于高一学生来自不同的学校，因此计算机基础不同。一些原来没接触过电脑的学生连开机都不会，有的却打开了 QQ 与人聊天了，至于刚才她的上机练习要求，只有一些人在做。她一会儿被学生叫去答疑，一会儿忙于阻止学生上网聊天，玩游戏，一会儿又有学生报告机器问题，要重新启动，整整一节课她都在忙，班级里闹哄哄的。下课铃响时，许多学生都没有完成今天的任务，而她也精疲力竭了。看来，她得重新思考一下如何对信息技术课堂进行管理了。①

案例 27.1 中，信息技术课的课堂出现了诸多问题：有学生学习上的问题，也有课堂纪律上的问题，还有教学设备的问题。对于这些问题，教师

---

① Gaowj. 中小学信息技术课课堂管理四个案例[EB/OL]. http://www.hgjys.net/xkzy/ShowArticle.asp? ArticleID=7452.

疲于应付，课堂管理也几乎迷失了方向。造成课堂教学组织管理问题的原因，有教师在管理细节上的准备不足，也有课堂管理理念和方法上的偏差。

第一，对学生的学习基础缺乏深入了解。要开展好课堂活动的组织管理，必先了解学生的学习基础。学生的学习基础不同，教师的教学安排、教学方法亦不同。案例 27.1 中，学生的计算机基础存在较大的差异，有的学生连开机都不会，有的学生则能比较熟练地使用电脑。教师对学生的学习基础似乎不甚了解，对所有的学生都布置了同样的上机练习要求，而学生的反应更是出乎教师的意料，这样为管理好不同学习基础的学生，教师就显得有点忙乱。

第二，对课堂教学遇到的问题缺少准备。课堂中常常会出现各种各样影响课堂秩序的问题。对于课堂中可能遇到的管理问题，教师在上课前应该有所准备，尤其是对于不熟悉或新接手的班级。案例 27.1 中，信息技术课的课堂出现了多种问题：有物的问题，也有人的问题；有学生学习上的问题，也有学生纪律上的问题；有课前教学设计安排的问题，也有课堂中临场管理的问题。对于这些课堂中出现的问题，教师没有多少心理准备，因而如何对遇到的问题开展有效的课堂管理，心中似乎也没有多少谱。

第三，缺乏课堂管理的系统观和全局观。课堂管理是一个整体、系统的工程，需要有全局视野，更需要通盘考虑。尤其是课堂中同时出现多个问题的时候，教师的课堂管理更是要有系统观和全局观，切忌"头痛医头、脚痛医脚"，找不到方向。案例 27.1 中，信息技术课堂连续出现了多种多样的问题。教师在缺乏准备的情况下，忙着去处理一个个的问题，缺少了对所有问题处理的整体谋划。教师没有料到的是，问题实在太多，根本就忙不过来。尽管教师忙得几乎脚不沾地，但似乎很多问题都没有解决好。比如说，课堂秩序仍然是"闹哄哄的"，教学任务也没有完成，学生学习上的疑问似乎也没有解决好。

总之，案例 27.1 中，教师的课堂管理显得杂乱无章。出现这样的状况，不仅与教师的课堂管理经验不足有关，也与教师对课堂教学的准备不重视有关。作为课堂管理者的教师应该明白，课堂管理是需要遵循一定章程的。如果教师的心中没有明晰的章程，在具体的课堂中也不依合理的章程来开展教学，那么课堂教学很有可能层出不穷地出现问题，同时教师也不能对课堂开展有效的管理。

点睛笔：

1. 要开展好课堂活动的组织管理，必先了解学生的学习基础。学生的学习基础不同，教师的教学安排、教学方法亦不同。

2. 课堂中常常会出现各种各样影响课堂秩序的问题：有物的问题，也有人的问题；有学生学习上的问题，也有学生纪律上的问题；有课前教学设计安排的问题，也有课堂中临场管理的问题。对于课堂中可能遇到的管理问题，教师在上课前应该有所准备，尤其是对于不熟悉或新接手的班级。

3. 课堂管理是一个整体、系统的工程，需要有全局视野，更需要通盘考虑。尤其是课堂中同时出现多个问题的时候，教师的课堂管理更是要有系统观和全局观，切忌"头痛医头、脚痛医脚"，找不到方向。

28. 师生问答要关注全体学生

师生问答是课堂教学中的一种重要互动方式，也是课堂活动组织管理需要重点关注的内容。通常而言，师生问答是一对一或一对少数几个学生。师生问答的这种特性，对教师的课堂管理提出了一定的要求，即在问答的时候不能只注意回答问题的学生，还要尽可能地让其他学生也关注这一教学活动。否则，有些学生就会无所事事，时间一长还会觉得无趣，从而"主动地"找些事做做，让自己彻底游离于课堂教学之外。更为严重的是，那些"无所事事"的学生，常常会成为课堂纪律和课堂秩序的破坏者。

案例 28.1　只关注少数学生的课堂提问

当时，学生正在学习地球水循环，刚一上课，戴夫问："每个人都带家庭作业了吗？"我听到有两三个学生回答"是的"，而其余的学生默不做声。

"很好！"戴夫宣布，"把作业拿出来，在回顾这些问题时，请大家对照检查一下自己的作业。"于是，在一阵吱吱嘎嘎和沙沙声中，学生从背包里掏出作业，并在课桌上将作业拍平。

一切就绪后，戴夫继续上课，他展开一张本州的雨量图，并迅速地抛出一个问题："本州哪个地区的降雨量最大？"有几个学生大声说出了答案。"太棒了！"戴夫说。他又指着地图上的一个特定位置，随即抛出另一个问题:"这个地区的降雨量是多少呢?"还是那几个学生大声说出了答案。戴夫再次表扬了他们。他很快地抛出后面的一连串问题("哪个地区的降雨量最小""为什么会存在这种差异""大山是怎样影响降雨量的呢"),每次都从同一批学生那里得到相同的答案,然后他又同样敷衍性地给予他们一些表面上的赞扬。

后来课堂上发生的情景,同他前一天晚上给我描述的一模一样。没有参与回答戴夫提问的学生,开始表现出一些不端行为,或是开始走神。有两个学生把脑袋枕在桌子上,另外两个学生开始互相戳逗,还有三四个学生像玩碰碰车一样滑动他们的桌椅,还有的学生故意让笔掉到地上。即使那些没有表现出分散注意力行为的学生,他们的注意力也根本没在课堂上。在提问的过程中,戴夫也曾批评这些不端行为,甚至不得不将一名学生送到校长办公室。但是整体看来,对于学生的这些不端行为,他似乎束手无策。[1]

案例28.1中,戴夫老师在课堂中运用了问答式教学法,但回答问题的学生却集中在少数几个学生身上。戴夫对此却无所谓,继续向少数的几个学生提问,而对于多数学生却很少关注。随后,没有参与回答问题的学生,出现了课堂纪律问题。对此,戴夫也采取了一些措施,但收效甚微。细细分析戴夫的课堂管理策略和措施,可以发现至少存在以下两方面的问题。

第一,基本沉浸在与少数几个学生的问答之中。案例28.1中,刚一上课,戴夫老师就问全体学生的家庭作业完成情况,但只有两三个学生出声回答,其他的学生却是默不做声。从中,我们可以看到,学生对戴夫老师的回应很不积极。但戴夫老师对此却不以为然,继续要求学生把作业本拿

---

[1] [美] Marilyn L. Page. 让学生都爱听你讲——课堂有效管理6步法 [M]. 屈宇清,咸桂彩译. 北京:中国轻工业出版社,2010:30~31.

出来。随后，戴夫老师便继续上课。戴夫老师的教学，是通过一连串提问来推进的。在展开一张雨量分布图之后，戴夫老师便开始提出第一个问题，但回应他的却只有几个学生。接着，戴夫老师又问了第二个问题，依然是这几个学生应答。

其实，这个时候课堂管理已经出现比较明显的问题了，但戴夫老师却不以为意，在表扬这几个学生之后，就连续地抛出了数个问题。同样的，回答问题的还是同一批学生。到这里，我们可以明确地看到，戴夫老师的问答式教学出现了不小的偏差：一是回答问题的学生总是集中在几个学生身上，应答学生的范围太窄；二是戴夫老师没有花很多精力去关注其他学生的反应。

第二，对没有参与回答学生的违纪行为束手无策。案例28.1中，戴夫老师将课堂问答集中在一部分学生身上，而对其他学生的情况不管不顾。过了一段时间，没有参与回答的学生感觉到无所事事，就开始表现出不少违反课堂纪律的行为。比如说，有的学生走神，有的学生互相逗着玩，有的学生玩桌椅，还有的学生故意把笔掉到地上。对于这些课堂违纪行为，戴夫老师在提问的过程中，也采取了一些课堂管理措施。不过，无论是口头上的教育批评，还是使出"撒手锏"——"将一名学生送到校长办公室"，都没有起到预想中的效果，很多学生还是我行我素。在这里，我们看到，戴夫老师不仅在课堂活动的组织管理方面存在偏差，在矫正学生课堂不良行为方面也缺乏有效的手段。

总之，案例28.1中，戴夫老师的问答式教学是很不成功的。戴夫老师课堂问答组织管理上的问题，成了很多学生课堂行为失范的直接原因。其实，课堂问答除了要关注全体学生，还有很多需要注意的地方。下面，我们将结合相关链接28.1，继续讨论运用问答式教学法时，课堂管理需要注意的若干事项。

相关链接 28.1　不要站在学生课桌前候答

在学校随堂课的听课中发现，有些老师每次提问后，总会习惯性地走到被叫答学生的课桌前，听他回答问题，这时，教师的关注点就在这个学生身上，可能因为老师就站在跟前，所以学生也就轻声回答，后排听课老师几乎听不见他的回答内容，而此时，老师可能意识到全班同学还未听清楚，于是再面向全班同学，再大声重复，归纳学生的答案。还有的时候，学生回答问题出错了，会请其他学生来回答，而对于回答出错的这个学生，教师会让其较长时间地站立着。[①]

相关链接 28.1 中，主要描述了教师提问后的站位问题，以及对回答出错学生的课堂管理问题。相关链接 28.1 中提到，有的教师喜欢在提问后，站在回答问题学生的课桌前。这些教师可能认为，站在回答问题的学生面前，不仅能让自己观察更仔细，而且也体现教师对提问的重视。殊不知，教师过于靠近学生，容易给学生造成心理上的压迫感，从而影响他们的正常发挥。此外，由于教师离得比较近，有的学生回答问题就比较轻声，这样会导致很多学生听不清楚。

相关链接 28.1 还描述了回答问题出错的学生被教师长时间罚站的现象。学生为什么会回答错误？有的学生可能是思想开小差，有的学生是没有理解知识点。对于前一种情况，罚站带有惩罚课堂违纪行为的意味，或许对约束学生的违纪行为，也有一定的作用，故而，虽说罚站不值得提倡，但教师偶尔为之，也无伤大雅；至于后一种情况，教师的罚站则有点说不过去，无论对于学生的学习积极性，还是课堂氛围都有负面的影响，因而，在课堂管理中，教师要着力避免出现这种情况。

[①]　程核红. 关乎细节 运用策略——"课堂管理"细节优化的策略研究［J］. 中小学教师培训，2010，(2).

点睛笔：

　　1. 如果总是让少数几个学生回答问题，应答学生的范围太窄，或者是教师只关注回答问题的学生，没有或很少花精力去关注其他学生的反应，那么问答式教学就会出现管理上的偏差。

　　2. 有的教师可能认为，站在回答问题的学生面前，不仅能让自己观察更仔细，而且也体现教师对提问的重视。殊不知，教师过于靠近学生，容易给学生造成心理上的压迫感，从而影响他们的正常发挥。而且，由于教师离得比较近，有的学生回答问题的声音就比较轻，这样会导致很多学生听不清楚。

29. 根据课堂生成来调整预设

课堂教学是动态变化的，在课堂教学活动的组织管理方面，教师时常会遇到"计划赶不上变化"的情况。当课堂教学情境发生变化时，教师应该如何开展课堂活动的组织管理？是"以不变应不变"，继续按照教学设计强行推进，还是根据课堂中发生的师生互动新情况，适时适情地调整教学预设，以生成新的课堂教学？一般来说，课堂活动不能完全按照预设，一成不变地在课堂中组织实施。下面，我们将结合有关的案例，讨论在课堂情境发生变化的情况下，教师如何来调整自己的课堂管理策略和措施。

案例 29.1　磁铁能否吸灰尘

以下是某教师在讲授《指南针为什么指南》时的一个片断：（事先准备好实验器材）

师：同学们，用磁铁去吸一下，看桌上有哪些东西能够被吸起来？

生：订书针、回形针、小钉子……

师：它们都是什么样的材质制成的呢？

生：它们都是由铁加工而成的。

师：那思考一下，磁铁还能吸起哪些物质呢？

生：小刀，图钉，圆规，硬币……

生：还能吸起灰尘。

马上有同学反驳道：磁铁怎么能吸住灰尘呢？同学们的意见针锋相

对。一段时间后我问那位同学："磁铁真能把灰尘吸住吗？"他马上示范给同学们看。正如他所说，磁铁上确实"吸"住了好些灰尘。我马上就"磁铁为什么能吸住灰尘"这一问题进行小组讨论，同时，也给自己一定的时间理理思绪。小组讨论结束后，师生再次进行了交流。

生：可能是灰尘中有铁制的物质存在。

生：我觉得磁铁吸灰尘和吸铁块是不一样的？我打算晚上上网查查看。

师：网络可以帮助我们解决学习上的许多疑难问题。

生：我觉得这个吸有点像我们的皮肤吸灰尘一样，但那不是磁性！

生：那叫物体的吸附性。

师：你连吸附性都知道，课外阅读很丰富嘛！

生：我觉得灰尘落在地上，可能与它们的密度较大有关。

……

师：同学们分析得是有理有据，学习就应该这样，有什么疑问当场提出来，当场解决，不能当场解决的，到课外解决，书籍、网络将帮助我们解决更多的问题。今天我们就一个问题可以讨论出这么多的结果，真是厉害。希望大家以后多提问，多讨论。[1]

案例 29.1 中，师生在探讨磁铁能吸哪些东西，这时，有一个学生说磁铁能够吸住灰尘。在教师还没有想到如何来进行反馈的时候，已经有其他的学生进行了反驳。随后，学生针锋相对地讨论了起来。过了一段时间，教师让学生作了示范。而后，教师顺水推舟，调整了教学预设。在接下来的时间里，教师让学生讨论磁铁为什么能吸住灰尘。在这一段师生交往中，教师的课堂管理细节有以下几方面值得我们学习借鉴。

---

[1] 凌琳. 初中科学课堂偶发事件的成因与对策研究 [J]. 学周刊，2011，(6).

第一,给回答磁铁能吸住灰尘的学生展示的机会。案例29.1中,教师问学生"磁铁还能吸起哪些物质",有一个学生回答说"还能吸灰尘"。学生的回答大大出乎了教师的意料。教师在思考如何答复这个学生时,其他学生已经先于教师作出了回应。持反对意见的学生对磁铁能吸住灰尘提出质疑,持赞成意见的学生则做出针锋相对的辩解。过了一段时间之后,教师已经考虑清楚课堂管理的对策了。教师先是定向提问那位学生,替持反对意见的学生问"磁铁真能把灰尘吸住吗"这个问题。此后,那个学生作了示范,正如他所言,磁铁确实"吸"住了好些灰尘。

在这个过程中,教师虽然没有立即对学生所说的磁铁能吸灰尘作出回应,而且似乎有点放任学生相互争论的"嫌疑",但我们应该认识到,教师的课堂管理在总体上讲还是比较得体的。教师做到了冷静地思考,并且给予学生展示磁铁能够吸灰尘的机会。教师过一段时间才采取课堂管理的措施,可以看作是一种谋定而后动的策略,至于让学生相互争论一些时间,也能帮助教师了解学生们的想法。

第二,以"磁铁为什么能吸住灰尘"为题组织讨论。案例29.1中,有个学生提出磁铁也能吸住灰尘这一看法之后,学生们对这一观点进行了争论。这个课堂教学的"意外",打乱了教师对教学的计划和部署。教师在停顿一会儿之后,让提出磁铁能吸住灰尘的学生进行了示范,结果发现磁铁果然能吸住灰尘。此时,教师感觉到调整课堂预设的时机已经成熟。教师临时增加了一个教学活动,即让学生围绕"磁铁为什么能吸住灰尘"这一问题开展小组讨论。

安排学生开展小组讨论这一课堂活动,在课堂管理方面有着特殊的意义。首先,这个问题是课堂教学即时生成的,是学生感兴趣的、有探究欲望的一个话题。其次,大多学生对其中的原因还不清楚,而且解决这个问题有一定难度,有必要开展课堂讨论来共同解决问题。最后,在学生讨论的时候，能给教师空出一些时间理理思绪。

第三，讨论结束之后，与学生进行充分的交流沟通。案例29.1中，在小组讨论结束之后，教师与学生就磁铁能吸住灰尘的原因展开了交流。有的学生认为原因在于"灰尘中有铁制的物质"，有的学生把原因归结于"物体的吸附性"，有的学生表示要上网查查。对于学生的回答，教师基本上都作了回应。在师生互动之后，教师作了一个简单的小结。在小结中，教师不仅肯定了大家的学习态度，表扬了今天讨论中学生的表现，还对解决疑难问题的方法提出了建议。另外，还提出今后大家"多提问、多讨论"的期望。

总之，案例29.1中，教师开展了一次比较成功的课堂活动组织管理。不过，对于变动不居的课堂，对于即时生成的教学场景，有的教师却不以为然，甚至要强行把学生的思路拉到自己预设的轨道上来。下面，我们将结合案例29.2，对这种课堂管理的情况进行一些分析。

案例 29.2　仅仅是生活清苦吗

一位老师在执教国标课本第七册《徐悲鸿励志学画》中的一段"徐悲鸿的生活十分清苦，他只租了一间小阁楼，经常每餐只用一杯白开水就两片面包，为的是省下钱来购买绘画用品"时，有这样一段对话：

师：请大家好好读读这一段，看看你从中体会到了什么？（一学生举手，教师让其回答）

生：我想问个问题，徐悲鸿每餐只吃那么一点东西，他不会饿出毛病来吗？

师（露出失望的神情）：你听清楚老师刚才的问题了吗？坐下去！

（学生不好意思地坐了下去，整节课再也没有吭声）

生：我觉得徐悲鸿生活十分清苦。

师（表情严肃地追问）：仅仅是生活清苦吗？（学生语塞，其他学生不

举手了）

师：徐悲鸿为了提高自己的画技，宁愿过着清苦的生活，你们感受到徐悲鸿为祖国勤学苦练的精神了吗？[①]

案例29.2中，执教《徐悲鸿励志学画》的教师根据教学设计，向学生提出一个问题。先后有两个学生发言，但学生的发言与教师的标准答案存在一定的差距。教师对学生的发言表现出一种否定的态度，然后抛出了自己的答案。在这个过程中，教师的课堂管理在细节之处，至少存在以下三方面的问题。

第一，粗暴回应学生提出的疑问。案例29.2中，执教《徐悲鸿励志学画》的教师，让学生谈谈学习体会。针对徐悲鸿"经常每餐只用一杯白开水就两片面包"，有学生向老师提出自己的疑问——"徐悲鸿每餐只吃那么一点东西，他不会饿出毛病来吗？"应该说，学生能提出这样的问题，也是认真思考的结果。生活的常识告诉我们，饮食上如果过于苛刻，的确存在影响身体健康的风险。而且，这个问题贴近学生的认知，也可能是大家关心的问题。假如教师对学生的疑问深入挖掘，就可以在课本知识和学生认知之间，架起一座联通的"桥梁"，这对于课堂教学和管理来讲，都有着不小的正向促进作用。

案例中的教师，对学生提出如此的疑问，显露出了"失望的神情"。而且，教师用一种责备的语气来回应学生，教师不太客气地对学生说，"你听清楚老师刚才的问题了吗"，然后让学生坐下去了事。在这里，教师的课堂管理出现了偏差。其一，对勤于动脑、积极响应老师提问的学生，用比较粗暴的方式进行回应。这种做法打击了学生的学习积极性，疏远了师生关系。案例中描述学生听了教师的回应之后，"不好意思"地坐了下

[①] 赵国忠. 透视名师课堂管理——名师课堂管理的66个经典细节［M］. 南京：江苏人民出版社，2007：174.

去，并且整节课"再也没有吭声"。其二，对即时生成的课堂情景缺乏一种敏锐的意识。前面提到过，学生的疑问可能是宝贵的课堂教学资源，如果开发利用得当，将能对课堂教学和管理产生积极的影响。但教师的做法，无疑是将这种机会拒之于门外。

第二，对学生合理的看法予以否定。案例29.2中，教师打发了提出自己疑问的学生之后，又让另外一个学生站起来回答问题。这个学生谈出了自己感受，觉得"徐悲鸿生活十分清苦"。诚然，这个学生的回答并不高明，因为课文中就有类似的语句，即教师让学生阅读段落的首句——"徐悲鸿的生活十分清苦"。但不管怎么说，学生的回答至少代表他（她）已经认真思考了教师提出的问题，而且学生积极回应问题的做法也是值得表扬的。不过，对学生回答不满意的教师，用严肃的表情对学生追问，"仅仅是生活清苦吗"？教师"不友好"的表现，可能让学生感到一点惊慌失措，反映到了行为上就是顿时"语塞"。

从课堂管理的角度来分析，教师如此的反馈存在一定的问题。其一，对积极回答的学生不仅不给予表扬，反而严肃地加以责备。这对学生来说是一个不小的打击。其二，教师两次以否定评价来反馈学生的发言，是其不善于营造良好师生关系的体现。教师的做法对师生关系有不利的影响。其三，教师的做法对课堂氛围起到了一定的破坏作用，在教师说话之后，"其他学生不举手了"。

第三，强加给学生所谓的标准答案。案例29.2中，教师不顾课堂教学中的动态生成，硬是要把学生的思路往预设的教案上拽。教师在否定学生的两次发言之后，终于"忍不住"推出自己的标准答案，即"徐悲鸿为祖国勤学苦练的精神"。且不说教师提供的答案如何，光是对学生的积极思考持否定态度这种做法，本身就是课堂管理的大忌。更何况，教师的答案只是其中的一个参考答案，也不见得就是唯一正确的。

总之，案例29.2中，教师根据教案一板一眼地推进教学，无视课堂教学中生动的教学生成，最终给课堂教学带来了负面的破坏作用。从课堂管理的角度来看，教师的做法是殊为不智的，是一种效率低下且带有一定负面效果的课堂管理措施。

> **点睛笔：**
>
> 1. 如何来判断学生提出的问题有没有开展小组讨论的价值？一方面要看这个问题是否是学生感兴趣的、有探究欲望的一个话题；另一方面，要看解决这个问题的难度怎么样，是否有很多学生难以独立地解决这个问题。
>
> 2. 假如教师对学生们想探究的疑问深入挖掘，就有可能在课本知识和学生认知之间，架起一座联通的"桥梁"。这对于课堂教学和管理来讲，都有着不小的正向促进作用。
>
> 3. 在课堂教学中，教师不能不顾教学的动态生成，硬是把学生的思路往预设的教案上拽，并且一定要让学生认同自己的标准答案。且不说教师提供的答案如何，光是对学生的积极思考持否定态度这种做法，本身就是课堂管理的大忌。更何况，教师的答案也不见得就是唯一正确的。

30. 有意制造错误来组织教学

在课堂教学中，教师负有传播知识的责任，而且要传播正确的知识。从教师个人的主观意愿来讲，一般情况下都要避免出错，但事有例外，教师在课堂教学中也难免犯错。教师一旦出现教学错误，很可能会引发学生的议论，影响教师的心理状态，从而对课堂管理产生不利的影响。那么，从课堂管理的角度来看，教师应该如何来对待自己的"错误"呢？其实，教师可以利用自己的错误，或者是故意出错，来组织和推进课堂教学。这样的课堂管理方式，或许可以收到意想不到的特别效果。

案例 30.1　看来是作家写错了

师：同学们，我看这两句的标点有问题：

①到底为什么要做这件事，为什么要这样做，有没有更好的办法。他们从来不想一想。

②拉磨的牛成年累月地在鞭子下绕着石磨转，永远不会想一想为什么要做这件事，为什么要这样做，有没有更好的办法。

一般讲，疑问词后面必然要用问号，这里没有用，看来作家写错了。

生：这里可能"不一般"（大家笑），难道有疑问词一定用问号吗？

师：讲得非常好，并不是有疑问词的地方都用问号。那么什么时候用问号，什么时候不用问号呢？

生：……（无语，思考）

师：如果去掉"他们从来不想一想""永远不会想一想"这两句中的标点有无变化？

生：那大概有疑问词的地方要用问号了。

师：对。"想一想"在①②句中都是做句子的谓语。因而我们判断带有疑问词的句子是陈述句还是疑问句。依据之一就是看其前后有无谓语。同时，多读句子，我们也可从语气上进行鉴别。[1]

案例 30.1 中，教师故意把知识点讲错，引发了学生们的广泛关注和认真思考，创造了良好的课堂教学环境，比较顺利、有效地完成了某个教学难点的教学。首先，教师列出两个带有疑问词的陈述句，并且故意说作者把标点符号弄错了，应该用问号，不应该用句号。这引起了学生们的兴趣和思考。接下来，师生经过讨论，学生们终于搞清楚了一个知识点：当一个句子出现疑问词时，未必都是疑问句。判断是陈述句还是疑问句的标准，是看前后有无谓语。

在课堂教学中，教师可以把有意制造的错误作为课堂管理手段，也可以鼓励学生发现自己无意出现的错误，并且进行恰当的奖励，以此来调动学生学习积极性。下面我们将结合案例 30.2，来具体讨论教师利用的错误，来推进课堂教学的有关管理细节。

案例 30.2　给学生创造一些指错的机会

我在教学中不为自己的犯错而尴尬和紧张，而是声明："严老师其实与每一位同学一样，也经常说错话、写错字、算错题。如果谁能发现老师的错误，我就给他的课堂表现加分。"我的学生的学习任务除了获取知识，还会瞪大眼睛、竖直耳朵搜寻我的"错误"，他们为自己能先于同学有所发现而兴高采烈，为自己落后于同学而大失所望。

---

[1] 陈媛萍."有意错误"在语文教学中［J］.内蒙古教育，1997，(8).

想不到教师的"错误"竟能让学生如此"经"心,于是我在以后的教学中故意犯错,例如,根据教学经验,把学生容易遗忘的、圆锥体积公式中的"三分之一"故意漏掉,让学生给我纠正。我屡教屡犯,学生对我屡犯屡纠。这一过程就相当于多次强化了学生的认识,当然等学生印象深刻后,我也就不再重复犯这一相同的"错误"了。①

案例30.2探讨了如何应对教学中犯错的方法。从课堂管理的角度来分析,主要有以下两点值得我们学习借鉴。

第一,承认自己会犯错,并要求学生指出教师的错误。以"传道、授业、解惑"者自居的教师,对于教学中出现的失误,内心可能会感到一丝尴尬和紧张,即便很快改过来了,往往也是轻描淡写地让其过去。案例30.2中的教师,针对自己在教学中的错误,明确向学生声明自己也会出错,而且在全班学生面前坦荡地承认自己与大家一样,"也经常说错话、写错字、算错题"。细细来分析,我们可以发现,案例中的教师对于自己在教学中可能出现的错误,有着深刻的认识和敢于认错的勇气。

更为难能可贵的是,案例中的严老师还提出,对于发现老师错误的学生,将给予表扬和奖励。很多教师也能做到当自己的教学错误被学生指出来以后,能够光明磊落地承认错误并加以改正,而很少会鼓动学生去寻找老师的错误,并且对这种行为给予充分的肯定和奖励,即给学生的"课堂表现加分"。这样一来,鼓励学生挑老师的错,就成了一条特殊的课堂管理措施。这一让学生"挑错"的举措,对课堂教学产生了积极的影响。一是能帮助教师及时地改正自己的教学错误;二是有利于学生在课堂上集中注意力;三是有助于调动学生情绪,形成良性竞争的教学氛围。

第二,主动去犯错,以服务于课堂管理和课堂教学。案例30.2中的教

---

① 严育洪. 这样教书不累人 [M]. 北京:教育科学出版社,2009:58.

师，发现自己的"错误"能让学生非常"上心"，并且无论对课堂管理，还是对教学质量都有着促进作用。于是，尝到甜头的教师决定"自甘堕落"，在以后的教学中故意出错，创造学生寻找教师错误的机会。而教师"犯错"次数的增加，不仅给了学生更多的表现机会，而且也能提醒学生不犯相同的错误。这样，学生在找错的过程中，不知不觉地加强了重点难点知识的掌握。

在这个过程中，我们可以看到严老师主动利用"错误"的创新意识，而且，也可以感受到严老师在利用"错误"上具备了一定的火候。一方面，严老师主动犯的"错误"，恰恰是有些学生容易犯的错误。另一方面，对于学生不易掌握的知识点，不惜"屡教屡犯"，多次犯相同的"错误"。而当学生印象深刻以后，教师也就不再犯相同的"错误"了。

鼓励学生挑教师的错，不仅能调动学生学习积极性，创造良好的课堂氛围，能够有力地推进课堂教学，而且在某种程度上，也能提升教师的心理素质。甘愿为学生"对手"的教师就不会为自己教学的失误，比如说错话、写错字、做错题而感到不安。原因很简单，一是这些"错"很多情况是因为教师需要一心几用所致，他要一边想着教学流程，一边注意学生反应，看看学生做些什么，听听学生说些什么，猜猜学生想些什么，其中包括监视学生有没有开小差。二是聪明的教师反而会热衷于让学生抓住自己的"小辫子"来对付自己，因为学生普遍为能指出教师的错误而扬眉吐气。[①]

总之，教师主动的"犯错"和"用错"，是课堂管理中值得学习借鉴的一个细节。当教师学会主动利用自己"错误"时，这时的"错误"就改变了性质，它不再是教学中的过失，而是一种可贵的资源。教师对自己

---

① 严育洪. 这样教书不累人［M］. 北京：教育科学出版社，2009：57.

"错误"的开发利用，不仅体现了高超的课堂管理技巧，也折射出了一种与众不同的教学智慧。

> **点睛笔：**
>
> 1. 从课堂管理的角度，教师可以试着鼓励学生挑老师的错。这样做，不仅能帮助教师及时地改正自己的教学错误，还有利于集中学生注意力，调动他们的情绪，形成良性的教学氛围，而且，在某种程度上也能提升教师的心理素质。
>
> 2. 教师可以针对学生容易犯的错误而主动"犯错"，对于学生不易掌握的知识点，甚至可以"屡教屡犯"，而当学生印象深刻以后，教师也就可以尝试犯新的"错误"了。

31. 善于利用学生提出的问题

在课堂教学中，学生有时候会在教师意想不到的情况下，提出一些"奇怪"的问题。对于这类"问题"，教师如果加以巧妙利用，往往能活跃课堂气氛，提高学生的注意力，调动学生参与课堂活动的积极性，促进课堂活动的组织管理，从而对课堂教学产生积极正面的影响。但在现实的课堂中，有的教师对学生提出的问题，尤其是一些不同意见的观点，持反对、嘲讽的态度，这就给课堂管理和课堂教学带来了不稳定的因素。

案例 31.1　这是真的吗

学完《观测太空》一节后，让学生结合所学内容提出问题并讨论。有位同学说："老师，民间传说牛郎织女在农历七月初七鹊桥相会，这是真的吗？"话音刚落，教室里传来一片笑声，同学们一定认为这是一个很幼稚的问题，因为大家都知道这是一个传说。

当时，我先对这个同学敢于提问题的勇气和态度进行了鼓励和肯定。为解决这个问题，我设计了四个相关的问题让学生进行课后讨论：①这个传说的主要内容是什么？②课文中牛郎星和织女星的位置分别在哪里？③两颗星之间的距离是多少？④这个美丽的传说表达了人们怎样的思想情感？下一节课交流。

学生经过准备，第二节课时答案出来了，问题也解决了。牛郎星和织女星之间的距离是 16 光年，如果牛郎打一个电话给织女，织女接到电话需要16年，因此这只是一个美丽的传说，表达了人们一种渴望真诚爱情的心情。学生既感受到个性张扬的魅力，又体验到了动态生成的生命课堂。[①]

案例31.1中，有个学生在学完《观测太空》的有关内容之后，提出了一个显得有点"幼稚"的问题。这个学生的提问使得同学们笑成一片，但教师没有简单地打发学生的问题，而是利用这个问题已经引起了大家的注意，创造性地根据教学目标对这一问题进行了追问，从而激发起了全班学生的思考，最后通过对学生回答的总结，自然而然地揭示了课堂教学的一个知识点。站在课堂管理的角度来分析，案例中教师的做法有以下几处值得我们学习借鉴。

第一，肯定学生敢于提问题的勇气和态度。案例31.1中，有一个学生就牛郎织女鹊桥相会的真实性向老师发问。对于这个显得有点幼稚的问题，同学们的反应是笑成一片。因为大家都知道，既然这是一个传说，那么肯定就不是真的了。从某种程度上说，学生的提问有点干扰了教师的教学安排，影响到了课堂教学的秩序。对此，教师却没有以惯常的思维来看待，没有从负面的角度来评判学生的提问。教师认为，不管这个问题如何，学生勤于思考、敢于提问的品质是值得肯定的。于是，教师对学生的行为进行充分的鼓励和肯定。

第二，设计相关问题让学生进行课后讨论。案例31.1中，在鼓励和肯定学生提问之后，教师可以选择简要地回答一下学生的问题，这样临时发生的课堂小插曲就能告一段落了。不过，教师并没有采取这样较为简单的处理方式，而是特别设计了四个相关的问题让学生课后讨论。教师为什么要这么做呢？这是因为教师敏锐地发现，学生提出的问题对于课堂活动的组织是很有价值的。

---

① 凌琳. 初中科学课堂偶发事件的成因与对策研究［J］. 学周刊，2011，(6).

首先，可以激发学生的学习兴趣。尽管最初学生提的问题有点简单，可以"不证自明"，但毕竟引起了学生们的关注。或许是考虑到这一点，教师提出了四个相关的问题，让学生在课后讨论。由于有前面的铺垫，这四个问题就成了学生感兴趣的问题，也是学生自觉自愿去探究的问题。

其次，可以将课堂教学自然地延伸到课外。课堂教学要与学生的日常生活世界有所联系。学生提出的问题，涉及民间传说，可以说是学生熟悉的知识。教师据此设计的四个相关问题，与学生的日常生活有一定的联系，并且让学生在课外去完成。这样，教师就不着痕迹地将课堂教学的内容，与学生的课外生活有机地结合在一起了。

最后，可以深化学生对相关问题的认识。学生们虽然都知道牛郎织女鹊桥相会是民间传说，当不得真。但这个问题背后涉及的知识，学生们并不一定了解。教师设计的四个相关问题，学生们也是需要查阅资料、用心思考才能获得答案的。通过对这四个问题的学习讨论，学生们对民间传说的认识必然会更加深刻，对课文中有关知识点的理解也会更加深入。

此外，还可以强化学生的主体参与精神。在这个案例中，教师不但宽容、鼓励提出问题的学生，而且以此为契机，专门设计了四个相关的问题，并让学生课后自主地寻找答案并组织讨论。教师的做法，给了学生主体参与教学的机会。而让学生主体参与教学，则有利于建立良好的教学人际关系，使学生真正成为教学的主人；它还可以使课堂充满活力，使教学质量得到提高。[1]

第三，第二节课时安排时间交流讨论结果。案例31.1中，教师对学生讨论的问题，在接下来一节课中专门组织了一次交流。通过交流，学生对前一节课中教师提出的四个问题，有了更为明确的认识。在这里教师让学

---

[1] 王升. 论学生主体参与教学 [J]. 教育研究，2001，(2).

生来交流答案，而不是自己来公布答案，是不是有什么讲究呢？表面看上去，由教师来公布答案，能够节省时间，效率更高。但让学生来交流自己找到的答案，既是对学生劳动成果的尊重，也能让学生有更好、更深刻的学习过程体验。我们知道，在学生接受知识与利用知识的关系上，利用知识比接受知识更重要，过程比结果更重要，知识是启发智慧的手段，过程是结果的动态延伸。教学中能够把结果变成过程，才能把知识变成智慧。[①]所以，教师这样的安排是比较高明的。

至此，教师利用学生提出的问题，比较圆满地组织了一次课堂管理活动。总之，案例31.1中，教师将学生提出的问题当做一种资源，非常自然地融入课堂教学和课堂管理之中，并起到了非常良好的效果。不过，在现实的教学情境中，有的教师对学生提出的问题不但不重视，而且还给予批评和指责。

案例31.2　这是个愚蠢的故事

在某节课中，有位教师读完了一个小故事，她让学生思考一下故事中的主人公为什么要那样做。这时，罗德尼说："这是个愚蠢的故事，正常人谁也不会做那样的傻事，我不懂我们为什么要来讨论这种愚蠢的事情。"这个教师有点恼火，因为在前一堂课中，这个故事引出了发人深思的热烈讨论，可是现在罗德尼的迅速发难，似乎一时间产生了傲慢无礼的气氛。本来可能充满好奇的学生现在似乎也兴味索然，或者同样感染了这种讥讽的态度。教师对罗德尼怒目而视，"我无意与你争辩这堂课的价值，因为你对我们这堂课要做的事所持的否定态度，令我十分不满。你在语言艺术课上不能做得更积极些，这真令人遗憾。既然看起来这门课你是通不过

---

① 袁振国. 教育新理念［M］. 北京：教育科学出版社，2002：17.

了，你干吗不去找一份收垃圾的工作！"①

案例31.2中，学生罗德尼提出的问题是教师意想不到的，甚至可以说与教师的预想是完全相反的。对于这种情况，发火的教师在不假思索的情况下就对罗德尼进行讽刺与挖苦，从而对课堂活动的组织管理产生了更多的负面影响。仔细地分析教师的课堂管理行为，其中存在的问题有以下几方面。

第一，失去了冷静，对学生怒目而视。案例31.2中，教师让学生思考故事的主人公为什么要那样做，学生罗德尼却"不知趣"地说"这是个愚蠢的故事"，并且作了一些解释。学生的发言，"成功"地激怒了教师。因为同样的教学安排，在另外一个班级引发了热烈讨论，可现在罗德尼的迅速发难，不仅打乱了教师的预设，而且让课堂中"一时间产生了傲慢无礼的气氛"。于是，教师就对罗德尼怒目而视。在这里，我们可以看到，教师已经失去了冷静，而冷静恰恰是处理课堂管理问题的一个基本要求。

第二，不去思考学生的观点是否合理。案例31.2中，学生罗德尼认为教师所讲的故事是一个"愚蠢的故事"，应该不是蓄意地破坏课堂教学，故意与教师作对。罗德尼抛出这个"惊人"的观点，是有其原因的。罗德尼给出的理由是"正常人谁也不会做那样的傻事"。在此基础上，罗德尼也提出了自己的疑问，即"为什么要来讨论这种愚蠢的事情"。对此，教师没有站在罗德尼角度来思考，没有去分析罗德尼的观点是否具有合理性，如果站不住脚，自己能否给出令人信服的依据。

第三，对学生进行言语上的打击讥讽。案例31.2中，教师认定罗德尼的做法是消极的行为，对罗德尼否定自己教学安排的说法，进行了否定的评价，教师说罗德尼的做法"真令人遗憾"，自己对此"十分不满"。不仅

---

① [加]范梅南. 教学机智：教育智慧的意蕴[M]. 李树英译. 北京：教育科学出版社，2001：261.

如此，教师还专门用言语讥讽了罗德尼。教师还口无遮拦地说了这么一句话，"既然看起来这门课你是通不过了，你干吗不去找一份收垃圾的工作！"教师如此的言语，攻击了学生的人格，有把学生当"出气筒"的嫌疑。

总之，案例31.2中，教师对学生罗德尼发言的反应有点过激。教师不仅没做到心平气和，冷静思考学生所提观点和问题的合理性，发掘其在组织课堂活动方面的价值，而且还让自己的情绪失控，对学生的发言进行了打击报复。其实，不管怎么样，教师都应该鼓励学生发表自己的观点，提出自己的疑问。即使学生提出的问题，看上去对达成教学目标来说用不上或用处不大，教师也应该鼓励这一做法，并说明有些问题课后可以进一步讨论、交流。而如果教师让学生感到难堪，诱哄或羞辱学生的话，只会加重学生为保全面子而逃避学习的现象。①

> **点睛笔：**
>
> 1. 有的学生的思维比较活跃，可能会提出超乎大家意料的问题和观点。对个别爱出风头和提出古怪问题的学生，教师要心态平和地对待，肯定其长处，不计较其过失。更为重要的是，教师要将学生提出的问题，与课堂活动组织结合起来，以学生提出的问题为契机，生成新鲜的、有生命力的课堂活动。
>
> 2. 在学生讨论之后，由教师来公布答案，表面上看似乎能够节省时间，提高课堂效率。不过，让学生来交流自己找到的答案，很多时候却是一种更为高明的课堂管理举措。因为这样做，既是对学生劳动成果的尊重，也能让学生有更好、更深刻的学习过程的体验。

---

① 里德利，沃尔瑟. 自主课堂：积极的课堂环境的作用［M］. 沈湘秦译. 北京：中国轻工业出版社，2001：45.

32. 善于利用学生的认知错误

在课堂教学中，学生在回答问题或做练习时往往会出现错误。如果教师做到理性对待学生的错误，并在适当的时候利用学生的错误，调整课堂教学活动的组织管理，那么就有可能将学生的错误，转化为课堂管理和教学的现成资源。不过，有的教师面对"出错"的学生，表现出的是不满的情绪和急躁的心情，而且对学生的行为进行全盘的否定。如此的做法，不仅对学生来说是一次失败的经历，对课堂活动的组织管理也是有害无益的。

案例 32.1　"大不一样"还是"不大一样"

在某堂课上，有一学生读"大兴安岭这个'岭'字，跟秦岭的'岭'字可大不一样"时，将"大不一样"读成了"不大一样"。

师：他哪儿读错了？

生：他把"大不一样"读成了"不大一样"。

师：这两个词语意思相同吗？

生：意思不同。"大不一样"是说很不一样，区别很大，"不大一样"是说虽有区别，但差距并不怎么大。

师：读读课文，看看大兴安岭跟秦岭区别大不大。

生：它们区别很大。秦岭"云横"，而大兴安岭是"那么温柔"。

师：一个险峻，一个温柔，看来两者的确……

生齐：大不一样！①

在案例32.1中，学生读错了一个词，这虽是一个小错误，但教师并不是简单地指正了事，而是抓住这一文字表述细节，机智地把纠错巧妙地转化为语言文字训练。教师的做法，促进学生加深了对课文的理解。对于案例中教师的课堂活动组织管理，我们需要把握以下几处细节。

第一，没有直接指出学生读错的地方。案例32.1中，有一个学生（下称"学生A"）朗读课文时，不小心读错了一个词，即将"大不一样"读成了"不大一样"。教师很快就发现了学生的错误，但是却没有亲自指出而是向其他学生提问"他哪儿读错了"。这样，教师就把纠正学生A朗读错误的机会，让渡给班上的其他学生。教师这么做，可以检验其他学生是否认真听课，也给了学生们更多的课堂表现机会。

第二，让学生比较两个"相似"的词语。案例32.1中，在教师提问之后，另有一个学生指出，学生A朗读错误是"把'大不一样'读成了'不大一样'"。这个学生的回答是准确的。到了这一步，有的教师可能会在肯定学生回答之后，就继续按预先的教学设计，来推进下一步的教学了。不过，案例中的教师却没有罢手的意思，而是继续追问这两个词语意思是否相同。这一追问可不简单，它可以体现出教师课堂活动组织管理方面的高超水平。

第三，让学生朗读课文后比较词语用法。案例32.1中，教师让学生指出同学朗读错误，接着又让学生比较两个相似词语的异同。在此之后，教师继续利用学生的"错误"来组织教学。教师要求学生们"读读课文，看看大兴安岭跟秦岭区别大不大"。在读完课文之后，学生们表示两者"区别很大"，并且说明了理由。在此基础上，教师又做了总结，说"一个险

---

① 唐劲松. 教育机智漫谈［M］. 广东：海天出版社，2002：99.

峻，一个温柔"，而且又让学生齐声来说两者的确"大不一样"。

总之，案例32.1中，教师敏锐地捕捉学生的朗读错误，意识到这是一种组织课堂活动的宝贵资源，并且抓住契机，调整教学安排，引导学生辨析词义，再通过比较课文内容，让学生细细体会作者遣词造句之匠心，从而让学生的错误发挥了非常好的教学效果。我们可以想象得到的是，以这种形式来组织管理课堂活动，与教师直接的口授相比，更能给学生的语言学习留下深刻的印象。因而，这一课堂管理的做法是很值得借鉴和推广的。

点睛笔：

1. 学生在课堂的学习中，不可避免地会出现各种各样的错误。对于学生出现的不同种类的错误，教师有时可以把它们作为教学资源加以利用。

2. 教师发现学生的学习错误之后，不一定非得亲自指正。教师可以把纠正学生学习错误的机会，让渡给班上的其他学生。教师这么做，既可以检验其他学生是否认真听课，同时也给了学生们更多的课堂表现机会。

33. 不能随意地调整教学进度

课堂教学进度是有总体计划的，无论是学期教学计划还是单元教学计划，都会设计每一篇课文、每一节课的进度安排。教学进度一经设计好，一般是不可随意调整的。具体到每一节课，教师要做到在规定的时间里，保质保量地完成教学任务。换个角度说，按计划来完成教学任务，本身是一种课堂管理，也能够体现出教师的课堂管理水平。但在现实的教学情境中，教师常常会碰到"计划赶不上变化"的情况。

案例 33.1　另外一个班也自修

有一位年轻的数学老师，教两个班。一天上课，有一个同学趁他不注意，偷偷溜了出去，上厕所。他在课堂上发现了这件事之后，很生气，就停止了讲课，让同学们自己做习题，他则找这位溜出去的同学谈话。到了另一个班，为了平衡两个班的教学进度，他也选择了"谈话—自修"模式，找了另一位"类似"的同学谈话。[1]

案例 33.1 中，有一个学生未经教师许可，就擅自溜出教室上厕所。教师发现之后，感到非常生气。于是，他就临时调整了教学的进度安排，让其他学生自己做练习，而教师本人则专门与"开溜"的学生谈话。到了另外一个班上课时，这位教师为了平衡两个班的教学进度，也不实施原先的

---

[1] 王跃. 高效课堂的 101 个细节 [M]. 广东：广东高等教育出版社，2009：152.

教学计划，而是采取了类似的"谈话—自修"模式。试着分析一下，这位教师的课堂管理在两个班级都存在问题。

第一，为了"小事"，随意变更了课堂教学的进度安排。课堂教学中，常常会发生一些出乎教师意料的学生违纪行为。不管是遇到多么"千奇百怪"的情况，作为课堂管理者的教师，切不可失去冷静，自乱阵脚。案例33.1中，学生不向老师"汇报"一下，就偷偷地溜出去上厕所，固然违反了课堂纪律，但这毕竟不是什么太严重的问题。学生的做法既没有影响到他人，也没有对课堂秩序造成严重的干扰。对于这种情况，教师似乎没有必要"大惊小怪"，一般在简单地告诫学生之后，就可以继续上课了。但案例中的教师，似乎觉得自己的权威受到了严重的挑战，对于学生的行为就显得非常生气，觉得有必要单独找学生"理论理论"。因此，案例中的教师竟然停止了讲课，让其他学生做习题，而他本人则"利用"课堂教学的时间，专门找这位溜出去的学生谈话。这样一来，教学进度因为"小事"而拖延了，本该安排的教学任务自然也就无法落实了。

第二，为了平衡教学进度，在另一个班也采用类似安排。在中小学，很多教师会同时教授一个年级的两个或多个班级。这样，教师在设计和实施教学计划时，一般要兼顾不同班级之间的教学进度平衡。案例33.1中，教师因为课堂管理措施不恰当，耽误了原先设计好的教学进度。到了另外一个班级，教师发觉，如果按照原先的教学计划上课，那么这个班的教学进度必定会快于前一个班。为了平衡教学进度，案例中的教师想到了一个课堂管理办法，即在另一个班级也选择了前一个班级用过的课堂管理方法——找一个学生谈话，而让其他学生做习题。

显然，教师另一个班也临时使用"谈话—自修"的教学安排，是非常随意的，也是不妥当的。首要的问题是，让学生自己做习题的目标不明确，做习题的目标是为了巩固，而新课还巩固什么呢？我们在课前所设计的每一项教学活动，都要有明确的目标指向，比如是为了巩固知识、为了提高学习兴趣、为了体验新知识。所以，在课堂上不能随意地"说变就变"。① 更为严重的问题是，教师的这种做法，实际上把自己的错误转嫁到学生身上，让学生来承担自己课堂管理的失误。

那么，假如我们遇到类似的情况，应该如何开展课堂管理呢？对于第一个班级学生的"开溜上厕所"，教师完全没有必要小题大做。在以恰当的方式（如肢体语言）提醒或警告学生之后，就不必浪费宝贵的教学时间纠缠这个问题，而是继续把心思放在上课上。在这个过程中，教师要保持冷静和平常心，良好的心态有助于做出正确的课堂管理决策。而假如第一个班级课堂管理措施不当，浪费了很多宝贵的教学时间，那么到第二个班级时，也不必特意放慢进度。教师可以选择的做法是，要么加快第一个班的课堂教学进度，以便赶上第二个班，要么想办法从其他地方挤出点时间，把第一个班落下的教学进度补上。

> **点睛笔：**
>
> 1. 课堂教学中，常常会发生一些出乎教师意料的学生违纪行为。不管是遇到多么"千奇百怪"的情况，作为课堂管理者的教师，切不可失去冷静，自乱阵脚。教师要保持冷静和平常心，因为良好的心态有助于做出正确的课堂管理决策。
>
> 2. 学生不向教师"汇报"一下，就偷偷地溜出去上厕所，固然违反了课堂纪律，但这毕竟不是什么很严重的问题。对于这种情况，教师没有必要"大惊小怪"，一般在简单地告诫学生之后就可以继续上课了。

---

① 王跃. 高效课堂的 101 个细节 [M]. 广东：广东高等教育出版社，2009：152.

34. 给学生的否定评价要慎重

课堂教学中,教师需要不时地对学生的回答、作业进行反馈和评价。教师在评价学生学业的时候,心目中一般都有一个标准答案。当学生的回答和作业符合教师的答案时,教师自然会给予学生以肯定和表扬。而当学生的回答和作业与教师的答案有出入时,就非常考验教师的课堂管理水平了。通常的情况是,教师会说学生说错了或做错了,并且还会给出标准答案。但很多教师没有深入思考的是,从学生的角度出发,他们提出的答案有没有可取之处。即使学生的答案与自己的标准不符,自己能不能简单地无视学生的"劳动成果",给予学生不愿意看到的否定评价?

案例 34.1 四季是哪四个季节

我最糟的经历发生在幼儿园。老师问我:"四季是哪四个季节?"我回答道:"冬、春、夏、秋(fall)。"老师说道:"不对,不是 fall,是 autumn。"我很苦恼,再也没有回去上学。我不想告诉妈妈这件事。第二年上一年级,很奇怪,我过得非常愉快。[1]

案例 34.1 中,教师对学生提问四季具体是哪几个,学生的回答是"冬、春、夏、秋(fall)"。对于学生的回答,教师很快给予了反馈,教师认为学生的回答并不正确,秋天应该是"autumn",而不是"fall"。其实,

---

[1] [美]奥林奇. 塑造教师——教师如何避免易犯的 25 个错误 [M]. 吴海玲译, 北京:中国轻工业出版社,2002:205.

在英语一般的日常交流中，"fall"和"autumn"均可表示秋天，并且可以互换，但在正规的场合和文件里边，就需要用"autumn"。故而，学生的回答可能并不完美，但考虑到其读幼儿园的年龄，这样的回答已经很不错了。教师的反馈表面上看上去没什么问题，但若从细处来分析其课堂管理，还是可以发现一些问题的。

一方面，直接对学生的回答进行了否定，打击了学生的学习积极性。学生的回答也是努力思考的结果，而且，在学生看来，自己的回答并没有错，因为在日常生活中，使用"fall"根本没有问题。所以，教师简单地说学生回答得不对，学生必定心中不服气。更严重的问题是，这会影响学生的情绪，打击学生的学习积极性。案例中对此也进行了描述，即"我很苦恼，再也没有回去上学"。

另一方面，没有用心去挖掘学生答案中隐藏的教学资源，错过了一次精彩的课堂生成的机会。案例中，学生用"fall"表示秋天，但秋天也可以用"autumn"来表示。教师给出的标准答案是"autumn"。这就带来了一个问题，即为什么不能用"fall"表示四季中的秋天？为什么学生的回答"不对"？相信这一个问题，不仅是回答问题学生的疑问，也是班级中很多学生搞不明白的。对此，教师应该抓住这个机会，通过深入提问或讨论，让学生明白"fall"和"autumn"的区别。相信有了这一新安排的课堂活动，学生对于这一知识点会留下较为深刻的印象。

总之，从课堂活动组织管理的角度出发，案例34.1中教师简单地否定学生答案的做法是不妥当的。在现实的教学情境中，类似的例子可以说是比比皆是，下面我们将结合案例34.2和案例34.3，继续分析探讨这一现象。

案例34.2　玻璃杯中有一乒乓球

在一次一年级思维训练观摩课时，教师出示一题："玻璃杯中有一乒乒球，有多少方法能将它取出?"一只只小手纷纷举起："用水灌出来""用筷子夹出来""用手抓出来""用手抓着杯子倒出来"……

教师脸上露出笑容，学生回答的看来都在预料之中，正准备总结，突然一男孩站起来，洋洋自得地说："我把杯子往地下一摔碎，乒乓球自己就倒出来了。"

全场顿时哑然。学生们一时不知所措，观摩教师也窃窃私语，主讲教师显然感到意外，尴尬了一会儿，认为该生是"出洋相""冒风头"，是丢她的脸，立即呵斥道："小聪明、烂点子，这是破坏公物，根本不允许的事情。"这男孩立即耷拉下了头，但又好像不服气地在小声嘀咕。①

案例34.2中，教师让学生思考从玻璃杯中取出乒乓球的方法。学生们想出了很多方法，正当教师总结的时候，有位小男孩却另辟蹊径，想出了与众不同的、超乎常规的方法。对于这个学生提出的方法，教师不仅没有进行表扬，反而严加呵斥。在这里，教师的课堂管理失误体现在以下几方面。

第一，对学生突破常规的方法缺乏心理准备。案例34.2中，在教师出示问题之后，学生们想出的方法有"用水灌出来""用筷子夹出来""用手抓出来""用手抓着杯子倒出来"等等。这些方法都是比较常规的方法，也在教师的预料之中。不过，小男孩提出了出乎教师意料的方法，即"把杯子往地下一摔"。应该说，这不仅是一个可行的方法，甚至还是一个创新的方法。但是，对于问题的答案，教师在课前只想到了一些常规的方法，对于如何答复类似小男孩提出的、突破常规的方法，则缺乏必要的课堂管理知识和心理准备。

第二，认识不到学生回答中蕴含的管理价值。案例34.2中，教师对小

---

① 唐劲松. 教育机智漫谈[M]. 广东：海天出版社，2002：24~25.

男孩行为的判断是"出洋相""冒风头""丢她的脸",因为小男孩说出的方法一时让人难以接受,这不但让同学们"一时不知所措",听课的教师也"窃窃私语"。其实,小男孩能够提出超常规方法,不仅是其聪明才智的表现,也给课堂管理提供了可资利用的宝贵资源。教师只要组织大家讨论一下小男孩所说方法的优缺点,就可以有力地激活学生们的思维,即时生成别开生面的课堂活动。可惜的是,教师没有意识到这一点,致使白白错失了这一难得的资源。

第三,对学生洋洋自得的回答给予负面评价。案例33.2中,小男孩对于自己能想到与同学们全然不同的方法,心中其实是非常得意的。当他"洋洋自得"地回答教师问题的时候,心中想到的应该是"这样的回答能够得到老师的表扬"。小男孩没有想到的是,在自己回答一个可行的方法之后,教师却给予了他负面的、否定的评价,教师斥责他的方法是"小聪明、烂点子",因为教师认为这个方法涉嫌"破坏公物",是"根本不允许的事情"。实际上,教师这样的评价有失偏颇,毕竟教师出示的思考题目并没有任何限制条件,所以不管采用什么办法,只要将乒乓球取出来,就算达到了目的。因此,教师的否定评价,不仅没有让小男孩服气,还打消了他的学习热情,压抑了他以及其他同学的创新精神。

案例34.3 把一幅女巫图涂上橙色

我最糟的经历发生在幼儿园。一位代课老师给我们讲课,让我们给一幅女巫图填色。我决定给女巫着橙色。完成后,我自豪地走到老师身边让她看,谁知她告诉我实在太丑了,女巫应该是黑色的,要求我重涂。[1]

案例34.3中,一个幼儿园的学生突发奇想,决定用橙色来给一幅女巫图填色。完成填色后,这个学生自豪地把"作品"送到老师面前,希望与

---

[1] [美]奥林奇. 塑造教师——教师如何避免易犯的25个错误[M]. 吴海玲译,北京:中国轻工业出版社,2002:207.

老师分享自己的劳动成果，不过，却遭到了老师的否定评价。教师认为，"女巫应该是黑色的"，把女巫图填成橙色"实在太丑了"。在这里，教师没有想到的是，对幼儿园的学生来说，把女巫图填成什么样的颜色并不那么重要，关键是看学生们有没有投入自己的思考和劳动。也许，学生们把女巫涂成其他的颜色，正是创造性思维的表现。案例中的教师以惯常的思维，看待并评价了学生的行为，没有认识到这是创造性思维的表现，没有欣赏学生与众不同的想象力与创意。

有人或许认为，这则案例反映的只是教师评价学生的问题，与课堂管理似乎没有多少关系。其实不然，当学生看到自己辛辛苦苦完成的"作品"，却被老师告知"实在太丑了"，学生幼小的心灵肯定会受到一些伤害，案例中的学生后来认为这是一次"最糟的经历"。可想而知，这次经历必定会疏远师生关系，学生课堂行为表现也会受到影响。教师如果没有及时地解决这一问题，必然会给课堂管理埋下一个隐患。另外，从课堂活动组织管理的角度来看，教师如果在这件事情上做做文章，让学生讨论一下女巫图可以涂什么颜色，那么就可以调动学生的积极性，活跃课堂气氛，使课堂呈现出新的面貌。

点睛笔：

　　1. 在课堂教学中，教师提问、学生答问是最平常不过的事情。教师在提问之前，往往会有自己预设的"标准"答案。学生在回答问题时，他们想到的答案不一定都在教师的意料之中。与教师"标准"答案不一致的学生回答，并不见得都是错误的。非教师预料、正确或有创见性的学生发言，恰恰是课堂管理需要重点关注的一项内容。

　　2. 小男孩能够提出超常规方法，不仅是其聪明才智的表现，也给课堂管理提供了可资利用的宝贵资源。教师只要组织大家讨论一下小男孩所说方法的优缺点，就可以有力地激活学生们的思维，即时生成别开生面的课堂活动。可惜的是，教师没有意识到这一点，致使白白错失了这一难得的资源。

35. 教学语言表达要简洁精炼

课堂教学中，教师主要通过口头语言，来讲解教学内容、与学生交流、发出指令要求，以组织课堂教学活动。教师的教学语言要简洁精炼、指向明确，这样才能让学生听得明白、听得舒服，才能有效地促进课堂活动的组织管理，提升课堂教学的效率质量。假如教师的口头语言含糊不清，或者是口头禅多、表达经常重复，抑或是指向不明确，那么都会阻碍课堂活动的组织管理，影响课堂教学的效率和质量。

案例 35.1　教师话语中的口头禅

"这个句子，嗯，有点，嗯，像上一个句子。杰克，嗯，你知道，嗯，这是为什么吗？"

"下一段，嗯，有，嗯，两处，嗯，错误。莎拉，它们是，嗯，什么？"

学生很快就松懈下来，开始走神了。"孩子们，接着听讲啊！"当玛丽亚发现和感觉到他们的兴趣开始下降的时候，她发出了命令，"这里的确很重要，不是吗？"

玛丽亚一如既往地继续讲课，使用多个口头禅，并在学生走神时不断重复道："孩子们，接着听讲啊！"大多数学生并没有公然捣乱，只是看上去一副厌倦和神情不专一的样子；有些人在打哈欠。然而，有三名男生还是互相说起话来。后来，每当玛丽亚的视线离开他们的时候，他们就开始发出声音并相互挑逗。因为违纪，玛丽亚让他们留校整整一个下午。①

案例35.1中，教师玛丽亚在开展课堂管理的过程中，由于口头表达中有多个口头禅、教学指令再三反复，致使课堂活动的组织受到了影响，课堂秩序和课堂氛围也出现了不同程度的问题。细细来分析，我们可以从以下两个方面，来探讨玛丽亚的课堂管理问题。

第一，语气助词使用过多，语言不够简洁精炼。案例35.1中，教师玛丽亚的教学语言比较啰唆。在短短的两句话中，玛丽亚说了8个"嗯"。教师如此高频率地使用语气助词"嗯"，不仅让学生听课比较费劲，而且还让自己的形象大打了折扣。有的学生可能会觉得，听老师讲话太累了，我还是偷偷地歇一会儿吧；有的学生可能会想，老师话都说不利索，说句话都没我们流利，还好意思教我们。如此，我们也不难想象，这个班级的课堂秩序容易出问题，教师常规的课堂管理措施也难以收到良好的成效。

第二，引导学生遵守课堂纪律的指令单调重复。案例35.1中，在教师玛丽亚口头禅的"密集轰炸"下，身心俱疲的学生很快就注意力不集中了，精神状态也变得松懈了，走神现象就成了不少学生的真实写照。当玛丽亚发现这一点后，就开始空洞地说教："孩子们，接着听讲啊！""这里的确很重要，不是吗？"对于严重违反课堂纪律的三名男生，玛丽亚则采用了惩罚性措施，即"让他们留校整整一个下午"。

必须承认，玛丽亚对于学生走神的反应是迅速的，采取课堂管理措施也是及时的。但是，我们也要看到，玛丽亚的指令语单调重复，更重要的是，玛丽亚似乎没有意识到学生走神、学习兴趣下降的"罪魁祸首"，正是自己啰里啰唆的口头禅。根源不除，玛丽亚对学生的提醒和指令"治标不治本"，有的时候甚至连"标"也难治。

---

① ［美］Marilyn L. Page. 让学生都爱听你讲——课堂有效管理6步法［M］. 屈宇清，咸桂彩译. 北京：中国轻工业出版社，2010：48~49.

总之，案例 35.1 中，教师玛丽亚频频出口的口头禅，引起了课堂中的"连锁反应"，最终导致课堂中问题连连，而且，玛丽亚的课堂管理也乏善可陈。下面，我们将结合案例 35.2，再来讨论教师教学语言表达存在的其他一些问题。

案例 35.2　与教学无关的"指令"

有一位语文老师，普通话讲得非常流利，不知是为了炫耀自己的口语表达能力，还是什么原因，总之课堂上的语速非常快，吐字像连珠炮似的，一说一大串，令学生听起来有一种"压迫感"。更为要命的是课堂"指令"中有很多与学习内容无直接关系的话，比如："这一点我在昨天讲过了，还记得吗？你们一定要懂得这一点，它非常重要啊，如果你们记不下来，考试就会吃亏的哟，所以同学们在课外要花些时间背诵下来，明天在课堂上我还要找同学复述，看看有哪些同学不会，哪些同学会。"整节课的课堂话语中都穿插了这些"励志"一类的"指令"，与学习内容没什么关系，这样的课堂"指令"显然是低效的。[1]

案例 35.2 中，教师在课堂教学语言的运用上，存在以下两个方面的问题。

第一，口头语言的速度过快，缺乏必要的停顿。案例 35.2 中，语文教师的口语表达能力似乎不错，"普通话讲得非常流利"，讲起来话"一说一大串"。本来，这应该是教师的优势，但是，教师的课堂语言表达，却并没有起到良好的效果。这是因为教师的讲话"语速非常快"，"吐字像连珠炮似的"。教师讲话的"过快、过长"，意味着学生时时受到信息的"饱和攻击"，这样，学生的信息加工能力会跟不上，容易造成身体上和精神上的双重疲劳，最后学生真正接收的信息，可能比教师讲话讲得慢时接收的

---

[1]　王跃. 高效课堂的 101 个细节 [M]. 广东：广东高等教育出版社，2009：81～82.

要少得多。

第二，与学习内容无直接关系的课堂指令过多。案例35.2中，语文教师在教学过程中，依仗着自己讲话流利、速度快，发布了不少"指令"。不过，教师发布的很多"指令"，却与教学本身关系不大。比如说，教师为了强调让学生记住一个知识点，讲了很多"励志"的话。根据案例中的描述，教师围绕这一点，讲了近百字的话语，大意是这个知识点很重要，记不住会吃亏，明天课堂上要检查，等等。这样的"励志"类"指令"，教师偶尔讲讲，学生听起来有新鲜感，说不定也能起到一定的作用。但是，如果课堂教学中这样的"指令"过多的话，则会让学生产生"听觉疲劳"，其真正发挥的作用亦不够理想。

那么，教师课堂教学语言要注意哪些方面呢？如何才能提高课堂"指令"的实效呢？有人做过课堂用语这方面的研究，发现优秀教师、特级教师的课堂用语时间比普通教师的课堂用语时间要更短一些，但效率要高。提高课堂"指令"效益的途径有很多，比如：第一，尽量少讲与教学内容无直接关系的话，如"这个我们不是学过了吗"？当然，必要的指令是不可避免的，如，"请拿出作业本"。第二，不要偏离主题，如有的教师明明要讲历史事件，结果讲到了故事。第三，戒除一些常用的口头禅，如"是吧？""啊？""这就是说……"第四，不要重复，如"这是一个哲学问题，啊，哲学问题"。[1]

---

[1] 王跃. 高效课堂的101个细节 [M]. 广东：广东高等教育出版社，2009：82.

点睛笔：

　　1. 教师高频率地使用语气助词，不仅让学生听课比较费劲，而且还让自己的形象大打折扣。有的学生可能会觉得，听老师讲话太累了，我还是偷偷地歇一会儿吧；有的学生可能会想，老师话都说不利索，还好意思教我们。如此，我们也不难想象，这个班级的课堂秩序容易出问题，教师常规的课堂管理措施也难以收到良好的成效。

　　2. 在教师口头禅的"密集轰炸"下，学生很快就会身心俱疲，注意力集中不了，精神状态也变得松懈，走神现象就成了不少学生的真实写照。如果教师没有意识到学生走神、学习兴趣下降的"罪魁祸首"，正是自己啰里啰唆的口头禅。那么，教师对学生的提醒和批评"治标不治本"，有的时候甚至连"标"也治不了。

　　3. 教师讲话"过快、过长"，意味着学生时时受到信息的"饱和攻击"，这样会造成学生的信息加工能力跟不上，容易造成身体上和精神上的双重疲劳，最后学生真正接收到的信息，可能比教师讲话讲得慢时接收的信息量要少得多。

36. 教学的指令性用语要明确

课堂教学中，教师时常使用教学指令性用语，对学生的行为进行引导和管理。教师的教学指导用语要清晰、明确、具有可操作性，只有这样，学生才能清楚地知道教师要求自己干什么，自己应该怎么做。如果教师的教学指令比较模糊，或者是具体指向不明确，学生听起来很可能会一头雾水，就算他们知道接下来教学活动的大致方向，也因为不清楚具体的、最优的操作方法，而导致课堂教学活动的低效。

案例 36.1　复习一下重点句型吧

这是英语考前最后一节复习课。一走进课堂，我就告诉同学们："还有一节课的复习时间，请抓紧吧"！我想，快要考试了，同学们一定会很自觉。可等我到学生们中间走一圈，发现大多数同学都是在东翻翻、西看看，浮在书本的表面，出现考前焦虑状态，并没有真正进入学习境界。这种流于表面的复习显然没有什么效果。

我随即调整任务安排："同学们，只有一节课的复习时间了，这时复习听力、阅读、写作等'长线品种'的作用不会很大，复习一下重点句型吧，这是这次考试的一个重要内容。"再到同学们中间走一走，发现大多数同学都在复习重点句型了，复习的效果比刚才好得多，但复习的方式各式各样：有的在高声朗读课文中的句型，有的在斟酌语法练习中的句子，有的在尝试翻译复习资料上的句子，看来同学们复习方法的针对性还不是很强。

于是，我再次调整任务安排："同学们，复习句型重在理解和记忆，请拿出老师发的句型复习资料，小声背诵并默写。"再检查一下学生的复习情况，发现课堂气氛立即好了起来：同学们都进入了有效的学习状态，复习目标明确，复习方法有效。①

案例 36.1 中，教师指导学生上一节英语复习课。一开始，教师只是泛泛地要求学生抓紧时间复习。在这一指令要求下，学生的复习缺乏针对性，流于表面形式。发觉这一点之后，教师就要求学生复习重点句型。虽然学生复习的内容聚焦了，但复习的方式却多种多样，有的方式效率并不高。于是，教师又发出新的教学指令，这一回学生复习更有针对性，更加有效了。对于案例中教师的教学指导用语，我们可以从以下三个阶段来作具体分析。

第一，相对粗泛地提出让学生抓紧时间复习的要求。案例 36.1 中，教师一进入课堂，就开始指导学生如何上好一节复习课。教师言简意赅地告诉学生，"还有一节课的复习时间，请抓紧吧！"教师以为，快要考试了，这节课是考试前的最后一节课，学生都会很自觉地复习，而且也都知道要复习什么内容，用什么方式进行复习。可当教师在学生中间走了一圈以后，发现学生的行为与自己所设想的并不是一回事。学生都知道要复习英语，但相当多的学生却不知道自己怎么复习。显然，教师泛泛地提出复习的要求，令很多学生不知所措，其行为表现是"东翻翻、西看看"，不知道重点复习什么内容，其心理状态则是"出现考前焦虑状态"，静不下心来复习。

第二，要求学生复习重点句型这一考试的重要内容。案例 36.1 中，教

---

① 王跃. 高效课堂的 101 个细节 [M]. 广东：广东高等教育出版社，2009：73.

三、课堂活动的组织管理 | 36. 教学的指令性用语要明确 *175*

师意识到泛泛地要求学生抓紧时间复习，并不能让学生"真正进入学习境界"，而且"流于表面的复习"效果也不佳。于是，教师调整原先的教学指导用语，要求学生"复习一下重点句型"。教师还用一定的言语分析了这么做的理由。教师说，用一节课的时间来复习"听力、阅读、写作等'长线品种'的作用不会很大"，而对考试的重要内容——重点句型"临阵磨枪"，或许是一个比较好的选择。随着教师教学指导语的调整，学生们对自己的复习策略也作出相应调整，教师发现"大多数同学都在复习重点句型了"。这样，有了针对性的复习，效果自然要比"东一榔头，西一棒槌"好得多。

第三，要求学生拿出句型复习资料小声背诵并默写。案例36.1中，教师发现教学指令调整之后，虽然学生在复习内容上能够聚焦到"重点句型"，英语复习的效率和效益都有所提升，但美中不足的是，学生的"复习方法的针对性还不是很强"，复习的方法各式各样——"有的在高声朗读课文中的句型，有的在斟酌语法练习中的句子，有的在尝试翻译复习资料上的句子"。教师意识到要进一步提高复习的针对性和实效性，还需要再次调整教学指令。因此，教师用更加明确的教学用语，要求学生"拿出老师发的句型复习资料，小声背诵并默写"。根据案例中的描述，这一次教学指令调整之后，学生的复习目标更明确，复习方法更加对路有效了。更重要的是，找对复习目标和方法的学生，一度消除了考试前的迷茫和焦虑，都能积极地投入高效的学习状态之中。相应地，课堂气氛也朝着好的方向发展了。

总之，案例36.1中的教师通过细致的观察，不断地分析和思考，连续两次调整了教学指令，优化了课堂活动的组织管理，促使学生英语复习的目标和方法更加符合实际，更具有效率和效益。教师调整教学指令性用语的课堂管理方法，对我们有不少的学习借鉴价值。其一，要认真观察学生的学习状态，据此来分析自己教学指令的实际效果。其二，要敢于对自己不合理、不够明确的教学指令说"不"，敢于进行"自我批评"和"自我否定"，并寻找更优的方案。其三，要有精益求精的精神，对自己的教学指令进行持续不断的改进，而不能满足一时的"改善"和小小的"成绩"。

> **点睛笔：**
>
> 　　1. 教师泛泛地提出复习的要求，令很多学生不知所措，他们的行为表现是"东翻翻、西看看"，不知道重点复习什么内容，其心理状态则是"出现考前焦虑状态"，静不下心来复习。这样，学生就不能"真正进入学习境界"，而且"流于表面的复习"效果也不佳。
>
> 　　2. 教师要想提高调整教学指令性用语的针对性实效性，就需要做到认真观察学生的学习状态，据此来分析自己教学指令的实际效果。而且，要敢于对自己不合理、不够明确的教学指令说"不"，敢于进行"自我批评"和"自我否定"。更重要的是，要有精益求精的精神，不满足一时的"改善"和一点点"成绩"。

四、偶发事件的应急管理

真实的课堂教学是一个事先预设与动态生成相互作用的过程,它会不时地发生一些偶发事件。偶发事件看似与教学目标无关,或是会影响课堂教学,但只要教师对这类事件见怪不怪,并且做到因势利导,那么就可以将之转化为有价值的课堂教学资源。如果教师把课堂中出现的偶发事件当做一种教学资源来看待,用心管理好其细节之处,合理利用好这些偶发事件,那么就可以活跃课堂气氛,加强师生之间的了解和增进彼此的感情,获得常规教学达不到的效果。

37. 这件事大家怎么看

课堂教学中，常常会发生这样的偶发事件——有的学生会不经意间制造"不和谐"的声音，从而干扰课堂教学的秩序，影响课堂教学的正常开展。我们知道，与课堂无关的小动物是不允许带入课堂的，但在现实的学校生活中，还是会发生学生将小动物带进课堂的情况。在上课过程中，假如被带进课堂的小动物发出异响，那么就可能成为干扰教学秩序的"罪魁祸首"。面对这种课堂教学被干扰乃至被迫中断的"危机情境"，教师应该如何进行课堂管理呢？

案例 37.1　学生的抽屉里有只小猫

在姚老师的作文点评课上，突然，清亮的猫叫声在课堂里响起，顿时，同学们不约而同地东张西望，一只小猫从潇辉抽屉里探出头来，"喵，喵"又叫了两下。全班几十双眼睛都盯着老师，似乎在等待着暴风雨的来临。

姚老师却平静地说："大家怎么看待这件事？"同学们就你一言我一语地说开了："它肯定在找猫妈妈了。""怎么能把小猫拿来当玩具！""都是那个潇辉……"一直低着头的潇辉终于忍不住了："老师，小猫不是我拿来玩的，是我救的……"

姚老师灵机一动，提议大家讨论一下，你认为应当怎样处置小猫，说说理由。这下，教室里更热闹了，同学们七嘴八舌说着自己的主意。姚老师看看大家激动的样子说:"那好吧!把刚才的事情写下来,老师看看谁的建议最好!"

一堂作文讲评课因为来了一只可爱的小猫之后,临时改了内容。后来,一篇篇生动的文章产生了,因为有了真情实感,有了充分的讨论,同学们都写得不错。潇辉在作文中写道:"真没想到,老师非但没有批评我,还表扬我有爱心,我一定要帮助小猫找到它的家!"

真正完整的教育应包括外在客观知识的传授,以及内在生命成长的引导两方面。因为我们所面对的不是纯粹意义上的学习者,而是一个有思想、有情趣和有喜怒哀乐的完整的人。因此,我们的教学(更确切地说是学生的学习)应进入学生的生命领域,进入学生的精神世界,让学生的身心作为生命体参与其中,让课堂充满人文关怀,成为人性养育的殿堂,并由此而焕发生命活力。在处理"小猫事件"的过程中,教师将这一课堂突发事件充分利用,使其成为孩子们表现善良和珍爱生命的体验过程,这就是教师的巧妙所在。[1]

案例37.1中,姚老师的作文点评被意想不到的猫叫声给打断了,原来是学生潇辉的抽屉里藏着一只小猫。对于这一意外的课堂偶发事件,姚老师因势利导,及时调整教学方案,把其中的有用要素进行剪切,粘贴到知识场,借题发挥,放大其积极效应,使之转化为一首美妙的"插曲"。于是,恼人的"事故"变成了动人的"故事",成就了一笔意外的教学资源。教师通过转嫁的手法,既提醒了当事者的课前准备,又弥补了旁观者的时间失落,教学事件与教学内容的巧合,给学生带来了意外的惊喜。[2]

从课堂管理的细节来看,案例中有以下几点值得我们学习借鉴。

---

[1] 徐岭. 课堂意外:是挑战更是机遇 [J]. 思想理论教育·新德育(下半月),2007,(2).

[2] 严育洪. 这样教书不累人 [M]. 北京:教育科学出版社,2009:148.

第一，平静地说"大家怎么看待这件事"。案例中，学生潇辉把一只小猫藏在抽屉里，小猫在课堂里突然发出叫声。突如其来的猫叫声引起了其他学生的东张西望，正常的课堂教学秩序受到了严重的干扰。这显然是一起违反课堂纪律的事件。在大多学生看来，"不务正业"的潇辉应该会受到教师严厉的批评。而出乎学生们意料的是，姚老师却平静地要求大家说说自己对这件事的看法。姚老师这么做，把学生的注意力从关注教师如何批评违纪学生，转移到思考这一事件本身。这样，就初步调动了学生主动参加课堂教学的积极性，也为接下来充分利用这一偶发事件来动态生成课堂教学奠定了基础。

第二，提议大家讨论一下应如何处置小猫。案例中，当教师要求学生说"怎么看待这件事"之后，很多学生积极发言，有的学生发言聚焦于小猫，有的学生发言则侧重于评论学生潇辉。在这种情景下，学生潇辉也忍不住发言，他解释了这只小猫是他救的，而不是拿来玩的。针对学生们发言有些发散的状况，姚老师灵机一动，提议大家讨论下应该如何处置小猫，并说说自己的理由。姚老师如此的引导方式，不仅延续了热烈的课堂讨论气氛，又把课堂讨论焦点集中到"小猫"上面。这样的教学任务调整，让学生的思考和讨论更加深入了，从中也体现了教师高超的课堂管理技巧。

第三，要求学生把刚才的事情写下来。案例中，姚老师要求学生讨论如何处置小猫这一教学调整，进一步调动了学生的兴趣和积极性，课堂气氛也更加热烈了。在这种情况下，姚老师又不失时机地提出下一步的任务，即要求学生"把刚才的事情写下来"。在学生有了真实的体验和充分的思考讨论之后，教师再提出写作的要求，这样，学生的写作应该会变得容易一些，而且也能写得更好一些。实际上，从案例提供的信息来看，教师利用课堂发生的偶发事件，临时调整写作的内容，确实收到了良好的效果。当然，教师说了"老师看看谁的建议最好"这句话，应该也能给部分学生更多的动力。

最后，还有一点课堂管理细节值得我们注意，那就是姚老师"表扬带小猫的学生有爱心"。我们知道，尽管学生潇辉把小猫放在抽屉的举动破坏了课堂纪律，但他的错误是无心之举，而且出发点应该是好的，动机是善良的。对于这一点，姚老师不但没有责怪和批评，反而还表扬了学生有爱心这一优点。这样的课堂管理行为，不仅对学生潇辉的爱心来说是一种保护，对全班学生也有一定的教育意义。

在这里，有必要澄清一下对课堂偶发事件的认识。按照以往的教学观，只有教师预先设计好的、有计划有组织的"规律化教学过程"才具有教学价值，课堂偶发事件破坏了教学的延续性，因此应当竭力"排斥"或巧妙淡化。但是，从学生成长的角度看，无论是"课堂教学"还是"生活事件"，都是生命成长的组成部分。从一定意义上说，教育并不是一种可以预料的活动，有时，意外事件对于人的成长所具有的教育价值，是教材内容所无法企及的。[①]

课堂教学中，不仅会发生动物的叫声影响教学的情况，也有可能会发生学生"怪叫"而干扰教学的事件。比如说，有学生在课堂上突然发出"喵"的声音，作为事先不知情的教师，你会如何管理这一"不和谐的声音"呢？下面，我们将结合案例37.2，来共同探讨这一问题。

案例37.2 学生在课堂上发出猫叫声

踏着上课铃声，新老师笑容满面地走进教室。

新老师用亲切的目光望着同学们，开始作自我介绍："同学们，我姓缪……"说罢，转过身子，板书"缪"字。就在这个时候，教室里不知从

---

① 徐岭. 课堂意外：是挑战更是机遇 [J]. 思想理论教育·新德育（下半月），2007，（2）.

哪个座位上发出了一声猫叫，显然是某个同学听到老师说"缪"，就联想到猫叫，于是一声"喵"就脱口而出，且模仿得惟妙惟肖。

这一声猫叫，可把其他同学逗笑了，于是教室里一下子乱哄哄的。

这时，新老师写罢转过身来，同学们立即止住笑，预感一场"狂风暴雨"即将来临。不料，新老师并没有翻脸，他微笑着说："同学们，你们先别忙着夸我'妙'。从今天起，我们一起来学习，到时候再请你们给我作评价，到底妙不妙？"

同学们听了缪老师这番精彩的话，都情不自禁地鼓起掌来。[1]

在案例37.2中，缪老师在自我介绍自己的姓后，一个学生从老师姓"缪"联想到猫叫，并发出一声"喵"的叫声。这一声猫叫引发了其他同学的笑声，扰乱了正常的课堂秩序。难能可贵的是，对于学生调侃自己的行为，缪老师没有大发雷霆，而是冷静地对这一偶发事件进行了恰当的细节管理，并把其作为课堂教学资源加以利用。案例中，缪老师的对课堂偶发事件管理的细节，有以下几方面值得我们学习借鉴。

第一，没有翻脸，并且微笑着和学生说话。对于学生挑战和"损害"自己的权威，相当多的教师可能会勃然大怒，案例中的学生也预料着会有一场"狂风暴雨"即将来临，并且立即止住了笑声。缪老师在写罢板书转过身来后，保持着心平气和的状态，不但没有与学生翻脸，反而微笑着与学生进行谈话。在某种程度上，缪老师"反其道行之"的课堂管理方式，为接下来的师生交流和课堂管理的开展，开了一个好头。

第二，说"你们先别忙着夸我'妙'"。在缪老师写板书的时候，某学生脱口而出"喵"的叫声，已经真实发生了，并且影响到了其他同学和课堂秩序。在这种情况下，学生们的注意力已经发生转移了，教师必须积极

---

[1] 唐劲松. 教育机智漫谈［M］. 广东：海天出版社，2002：184～185.

面对，进行有效的课堂管理。教师固然不能大发脾气，但也不能不作处理，或是简单地一笑置之。面对这种情况，缪老师的后续管理细节是用幽默的语言与学生交流。缪老师先是说，"你们先别忙着夸我'妙'"。"妙"与"喵"音节相近，意思却完全不同。缪老师这么一说，巧妙地把学生们的注意点从课堂偶发事件的关注，转移到对课堂教学本身的关注。

第三，请大家评价自己今后的教学到底妙不妙。缪老师在转移学生注意力之后，并没有马上进入预设教学方案的实施，而是继续在"妙"字上做文章。缪老师与学生们约定，"从今天起，我们一起来学习，到时候再请你们给我作评价，到底妙不妙"。缪老师这样"超常规"的做法，不但起到了维持课堂秩序的目的，还拉近了师生之间的距离，把"坏事"变成了"好事"，把偶发事件变成了课堂教学资源。

此外，缪老师作为新老师，笑容满面地走进教室，用亲切的目光望着同学们，开始作自我介绍。这一课堂管理细节，有利于拉近师生之间的距离，因而也是值得肯定的。

点睛笔：

1. 利用课堂偶发事件的关键在于教师能够深刻认识隐性教学资源，能够敏锐细致地观察课堂中出现的任何变化，并准确迅速地判断其性质，果断地采取相应的措施，赋予各种偶发事件以教育价值，让它们最大限度地服务于课堂教学。

2. 对于意外发生的课堂偶发事件，教师要设法因势利导，及时调整教学方案，把其中的有益要素进行剪切和放大，使之成为课堂教学的一首美妙"插曲"。

3. 对于学生调侃自己的行为，教师不能大发雷霆，而是要冷静地对此进行恰当的细节管理，并把其作为课堂教学资源加以利用。

38. 捕捉蛇的同学挺棒

在课堂教学中，学生有时会针对教师做一些恶作剧，并由此引发课堂偶发事件。比如，在正式上课之前，有的学生在教室大门的上方放置垃圾桶等物件，有的学生在黑板上给教师画漫画像，有的学生在粉笔盒里放一只癞蛤蟆，等等。面对学生不怀好意的恶作剧，教师进行课堂应急管理要注意些什么，可以采取哪些方式方法？下面我们将结合案例，具体分析类似的课堂应急管理，应注意的若干细节。

案例 38.1　学生赠送的特殊礼物

有位刘老师上课时，遇到学生赠送的一份特殊的礼物——蛇，她确实害怕，当时表现得很恐惧，但她没有克制住自己，学生哄堂大笑，待学生的笑声稀疏下来，她带着余悸平缓地说："据说每位接我们班的新老师，都有一份大家赠送的特殊礼物，比如王老师的灰老鼠，郑老师的大王蜂……而我呢，你们送了一条水蛇。"

她微微笑了笑，指着那条蛇说："我是第一次这么近看到蛇，刚才还摸到它，着实吓了我一跳。不过，我觉得捕捉这条蛇的同学挺棒，至少他挺勇敢，有一定的捕蛇经验，因此我相信，凭他们的能力，不仅仅能做到勇敢，还应该做出点其他什么。老师相信你们！"

那几个调皮学生原本等着看"戏"，却没料到刘老师表扬了自己，那可是非常难得的，但不知怎么就是高兴不起来，只是呆呆地听着刘老师讲有关蛇的知识。第二天早晨，刘老师又踩着铃声走进教室，一股清香扑鼻而来。她意外地看到，讲台上的粉笔盒里插着一束野菊花，教室里鸦雀无声……从此，这个班变了。①

案例38.1中，刘老师上课的时候，突然触摸到调皮学生放在粉笔盒里的一条水蛇，着实吓了一跳，并且还将自己的恐惧表现出来。教师的反应引起了学生的哄堂大笑，使得正常的课堂教学被迫中断。在这种情景下，刘老师采取了较为巧妙的课堂应急管理措施，在细节上有以下几点值得我们学习借鉴。

第一，调整心理状态，以平缓的语气来说话。对大部分人来说，突然触碰到一条蛇，表现出害怕的样子是很正常的反应。但教师在课堂教学中遇到这种情景，控制好自己的情绪也是非常有必要的，否则在放任自己情绪的情况下，往往会失去冷静，表现出不理智的言行。案例中，刘老师在学生的笑声稀疏下来之后，再以平缓的语气跟学生进行交流。在这个时候，教师的心理状态已经由害怕转为平静，课堂秩序也由混乱趋于有序。可以说，教师为师生之间的交流，选择了一个较好的时机。

第二，用"反讽"的方式来说明事件的性质。根据案例描述的信息来推断，刘老师上课的那个班级，应该是在班级纪律方面令人头疼的班级，而且，还有好几个习惯于捣蛋或捉弄教师的学生。对于"赠送"教师小动物这一恶作剧，在该班已经发生过好几起了。想必，其他几个收到特殊礼物的教师，课堂管理方式多以怒气冲冲地教训学生一顿为主，而最终效果显然也是不怎么乐观的，否则刘老师怎么还会"收到"蛇呢？对于个别学生的恶作剧和很多学生的哄堂大笑，刘老师的教育批评方式有点特别，即用幽默的话语将"反话正说"——把学生用小动物惊吓老师的恶作剧行

---

① 张锐. 课堂偶发事件处理方式例谈 [J]. 天津市教科院学报，2006，(6).

为，说成是赠送老师特殊礼物。刘老师这么说，不仅吸引了全班学生的注意力，重新牢牢"hold"住了课堂的主动权，而且也让作恶作剧的学生深感惭愧，促使他们对自己的行为进行反思，从而正确评估自己的一系列不当行为。

第三，肯定送蛇学生的优点，并提出希望。在吸引学生注意力，特别是在引发恶作剧学生反思之后，刘老师接下来的教育引导更是别出心裁。刘老师先是讲述自己接触到蛇之后的感受，直言不讳地承认自己确实是吓了一跳。刘老师这么说表面上是在示弱，是在暴露自己的不足，但实际上却能让学生感受到，老师也是活生生的人。这有利于进一步拉近师生之间的距离。

之后，她对捕蛇学生进行表扬，她说"我觉得捕捉这条蛇的同学挺棒，至少他挺勇敢，有一定的捕蛇经验"。刘老师在自己受惊吓之后，还能发掘恶作剧学生的优点，并用诚恳的言语对其进行表扬，的确是难能可贵。她反其道而行之的表扬，比严厉的批评更能打动恶作剧学生的心灵，帮助他们更加深刻地认识自己的错误，从而为接下来的教育行为——提出希望，注入强大的力量。刘老师提希望时是这么说的，"我相信，凭他们的能力，不仅仅能做到勇敢，还应该做出点其他什么，老师相信你们"。

根据案例提供的信息，我们可以肯定，刘老师的课堂应急管理是非常成功的——既转移了学生的注意力，控制了课堂上出现的紊乱，也拉近了师生之间的距离。而且，她对学生的信任也收到了良好的回报——第二天上课时她还发现"讲台上的粉笔盒里插着一束野菊花"，更为重要的是，从此之后，这个班级的课堂纪律发生了翻天覆地的变化。

课堂教学中，有些调皮学生不计后果搞恶作剧，会使课堂教学充满了变数，甚至给课堂管理带来一定的挑战。在真实的课堂中，学生的恶作剧不仅有针对教师的，也有针对同学的。下面，我们将结合案例38.2，对学生之间的恶作剧带给课堂管理的挑战和应对，作一点简要的分析。

案例 38.2　学生落座时发生的意外事件

一次，上课铃响，我喊了一声"同学们好"，学生也齐声还礼"老师好"。当我喊"请坐下"学生们落座时，意外发生了。教室里先是"咣当"一声桌凳倒地，紧接着是"哎哟"一声学生惊叫。原来是起立时，后排学生用脚将前面同学的凳子勾开，致使前面同学落座时落空，其后脑部被课桌边棱刮碰倒地所致。

这本是一起可能造成严重后果的课堂违纪事件，按规定可以上报学校处理。但我没有这样做，而是特意给学生讲述了发生在邻校的一个案例：我县一个乡中学，一个课桌坐在后排的学生在上自习课时，趁前排同学起身时，将其坐凳拖开，前面同学坐下时跌倒，碰撞造成后脑凹陷，后来因脑出血而死亡。肇事学生未满14岁，免于追究刑事责任，但他家里还是赔偿了8万元钱。听了讲述，学生们惊诧不已，有的目瞪口呆，有的似有所悟，有的深受震动。自那以后，这个班再也没有发生类似事情了。[①]

案例38.2中的课堂偶发事件，发生在上课仪式进行的过程中。当学生得到教师指令"请坐下"落座时，教室里传来"咣当"一声和学生的惊叫声。原来是有学生将前排同学的凳子勾开，致使前面同学落座时坐空，并且碰倒了课桌椅。应该说，学生之间的恶作剧扰乱了课堂秩序，是一起比较严重的课堂违纪事件。对于这样的课堂纪律问题，执教老师只要让学校政教处（教导处）出面来处理，自己就可以不用介入很多。但是，推给学校处理的话，很难达到教育效果的最大化，对于恶作剧的学生而言，也未必能比较深刻地认识自己的错误。

案例中教师对此的课堂管理，可以说是别开生面。执教老师既没有直

---

① 向红静. 处理课堂偶发事件的"五巧"[J]. 科学咨询（教育科研），2009，(4).

接批评恶作剧的学生，也没有把相关学生移交学校教导处来处理。执教老师的做法是巧借邻校发生的类似事件，以讲故事的方式，给学生留下极为深刻的印象，从而让学生自己从故事中感悟，自觉地反省个人的行为。我们有理由相信，教师这样做产生的管理和教育效果，都是非常巨大的。

点睛笔：

1. 对于个别学生的恶作剧和很多学生的哄堂大笑，可以用幽默的方式将"反话正说"。这样做不仅能吸引全班学生的注意力，重新牢牢"hold"住了课堂的主动权，而且也能让作恶作剧的学生深感惭愧，促进他们深刻反省自己的不当行为。

2. 教师直言不讳承认自己的不足，表面上好像是在示弱，是在暴露自己的不足，但实际上却能让学生感觉到老师也是活生生的人。这有利于拉近师生之间的心理距离。

3. 反其道而行之的表扬比严厉的批评更能打动恶作剧学生的心灵，更能帮助他们深刻地认识自己的错误，从而为紧接着的教育行为注入强大的精神力量。

39. 没关系，你能行的

课堂教学中，学生挑战教师权威的情况并不少见。对很多教师来说，学生挑战自己权威是较为棘手的事情。不少教师在遇到这种情况时，可能会控制不好自己的情绪，并在情绪失控的状态下，采取不适当的课堂管理措施，从而让自己陷入进退失据的尴尬之境。那么，面对这种课堂管理的危机情境，教师应该如何采取相应的管理措施，又应该注意哪些管理细节呢？前面我们分析了学生在课堂中以恶作剧方式，挑战教师权威的情况，在这里我们将讨论学生直接用行为和言语，来挑战教师权威情境下的课堂管理。

案例 39.1 学生当堂撕试卷

一上课，我将批好的试卷发了下去。不一会儿，突然听到一个学生对我说："潘老师，你快看，小杰正在撕试卷。"一听这话，我赶紧朝小杰看过去，不看不要紧，一看便怒从心头起，气从胆边生。这家伙，丝毫不顾及我还站在教室里，看到地上狼藉的纸头，我感觉自己就像是一座火山即将喷发。小杰呢？也正瞪着眼睛瞧着我，还直喘粗气，一副气急败坏的样子，活像一头被激怒的小牛犊。

全班同学都不敢吭声，眼神在我和小杰之间轮番扫描。

此情此景，令自己难以置信的是我忽而静了下来：这孩子在气头上，此时，我可不能火上浇油，我应该怎么办呢？我的脑海忽地闪现出一个词

"以柔克刚"。于是,我灵机一动,一拍讲台:"撕得好!将所有的错误都从自己的脑海里撕掉。"此言一出,小杰呆若木鸡,满脸疑惑。我笑了笑,走近小杰,拍了一下他的肩膀:"从哪里跌倒就从哪里爬起来。考砸了没关系,只要有心,你一定能行的。"

不经意的一句话,就这样改变了小杰。从那以后,他上课比以前认真了,一改以前爱欺负人的毛病,作业也能按时完成了,并且抢着劳动……①

案例39.1中,教师刚刚把批改过的试卷发下去,在毫无任何心理准备的情况下,听到了一个学生报告同学小杰在撕试卷。面对学生这一"出格"的行为,案例中的教师突破"常规"做法,机智地进行了卓有成效的课堂管理。其课堂管理细节,可以从以下几方面进行分析。

第一,控制自己情绪,冷静分析学生的状态。案例中,学生小杰在课堂中公然撕毁试卷的行为,的确会让人感到生气。作为教师,似乎也有充足的理由生气:一是学生对待错误和挫折的方式让人难以接受;二是学生无视课堂纪律,严重干扰了课堂秩序;三是学生不尊重教师的劳动;等等。但作为教育者的教师,在面对学生犯错误的时候,不能总是在气愤的状态下,以严厉的语气来批评学生。毕竟,教师在课堂中教育学生时,不但要考虑学生能否接受,而且要考虑课堂管理和教育的效果。

案例中的教师,尽管在看到学生小杰的"破坏"行为时,"感觉自己就像是一座火山即将喷发",但好在及时地控制住了自己的情绪,让自己平静下来。在心情平静的状态下,教师做到了把较多的注意力放在学生身上,并且,还对学生的状态作出正确的判断。教师通过观察,认为学生小杰的心情非常糟糕,表现出"气急败坏的样子"。教师清醒地认识到,这

---

① 潘国筠. 细节润泽教育——读《教师行为的50个细节》有感. [EB/OL]. http://www.yxedu.net/show.aspx?id=61588&cid=130.

个时候简单地批评学生，是收不到良好成效的。教师对自己情绪的良好控制，以及对学生状态的正确认知，为接下来采取恰当的课堂管理措施，奠定了坚实的基础。

第二，一反常态地"表扬"学生"撕得好"。案例中，教师通过自己的观察和分析，已经认识到冲着学生发火只能是"火上浇油"。那么，采取什么的管理措施，才能取得希望的管理效果呢？对此，案例中教师没有走严厉批评学生的"老路子"，而是别出心裁地一拍讲台，并且"表扬"学生"撕得好"。紧接其后，教师解释了之所以表扬学生的理由，即可以"将所有的错误都从自己的脑海里撕掉"。在这里，教师一拍讲台，能够吸引和集中学生注意力，为接下来要说的言语做了个较好的铺垫。而"表扬"学生"撕得好"，则能打破学生的心理定势，避免学生负面情绪的积累，还能引起学生别样的好奇心，为扭转刚才不良的课堂气氛提供正能量。

第三，表达自己的信任，借以安慰鼓励学生。案例中，教师"顾左右而言其他"的"表扬"，虽然成功缓解了师生之间的紧张关系，但同时也让学生小杰感到莫名其妙，不知道教师的葫芦里卖的是什么药。显然，此时教师的课堂管理还未竟全功，还需要后续步骤来趁热打铁，以期收到更好的成效。案例中，教师先是"笑了笑"，接下来走近学生小杰，并"拍了一下他的肩膀"。教师这样的非言语行为，能够让学生小杰感到亲切，能够融洽师生之间的关系。与此同时，教师还说，"从哪里跌倒就从哪里爬起来。考砸了没关系，只要有心，你一定能行的。"教师说的这句话，不仅对前面的"表扬"作了解释补充，还进一步表明了自己的立场。果然，有了前面诸多的铺垫，再加上教师的宽容和信任，学生小杰的课堂行为和日常表现有了很大的改善。

在课堂教学中，学生不仅会以出格的行为来挑战教师权威，还可能会直接以针锋相对的言语来质疑教师。下面,我们将结合案例39.2和案例39.3,来继续探讨学生用言语质疑教师权威时,需要注意的课堂管理细节。

案例39.2　教师愤然离开课堂

我上课时说:"这个问题高一讲过,大家应该知道吧?"一学生说:"高一是某某老师讲过,你没讲。"我觉得该生说这话,明显是对我的执教不满意。我当时很生气,把粉笔一扔说:"还让他教吧。"然后就走了。事后该班其他学生(绝大多数)找我苦苦哀求,该生的道歉和班主任的多次劝说,使我无奈又答应上课。我怎样再次面对我的学生,才不失面子,又显得大度呢?[1]

案例39.2中,教师面对学生质疑自己话语的意外情况,采取了不恰当的课堂管理措施,在管理细节方面存在的失误有以下几点。

第一,表现出很生气的样子。案例中,教师刚说完某个问题高一时讲过,就有一个学生随即反驳这个问题是其他老师讲的。实际上,教师和学生说的应该都是事实,教师强调这个知识点是学过的,学生强调这个知识点是谁教的。当然,这个学生随意发言,并说"高一是某某老师讲过,你没讲",确实有点失礼,有点不尊重上课的老师,或许还有点违反课堂纪律。但作为教师,即使学生表达出对教学的不满意,也要保持足够的冷静,至少不能表现出被激怒的样子。否则,教师如果失去了冷静,仅仅剩下生气和愤怒,那么就很容易说出有欠考虑的话,做出事后后悔的行为举止。

第二,把粉笔扔掉,说"还让他教吧"。案例中,当教师觉得自己的教学受到质疑、权威受到挑战时,最先的外在表现是扔掉手中的粉笔,并

---

[1]　王晓春. 课堂管理,会者不难 [M]. 北京:中国轻工业出版社,2010:173.

且还赌气地说了一句"还让他教吧"。教师这么做诚然有自己的理由，有个人的想法，但是，如此的表现则有失大度，更为严重的是，直接激化了师生之间的矛盾。从课堂管理的角度来看，这样的处理方式显然无法有效地应对危机，也不利于解决偶发事件带来的诸多问题。

第三，说完之后不负责任地离开课堂。案例中的教师，遇到了学生挑战自己权威的偶发事件。在表现出足够的愤怒之后，教师竟然擅自离开了课堂，单方面中止了课堂教学。如果教师在课堂上以可控的言语和行为，发泄一下自己的怒火，还可以认为是人之常情的话，那么不管课堂教学的任务和学生的感受，就愤然离开课堂，则是一种幼稚之举，是一种不愿直面困难的逃遁，也是一种不负责任的行为。这实在与为人师表对不上号，而且，也把简单的课堂偶发事件复杂化了，给接下来解决这个问题平添了许多不必要的困难。

那么，教师面对这种情况，应该如何进行课堂管理呢？方法肯定不止一种，但不管怎么说，教师都要保持冷静，要有一颗包容之心，即使有点生气也不应表现出来。在调整好自己的状态之后，再对学生偷换概念、混淆视听的做法进行简要的说明，还可以要求其他学生避免犯这种错误，以免浪费大家时间，同时又让人觉得自己缺乏常识。

至于，最后提出的"怎样再次面对我的学生，才不失面子，又显得大度"这一问题，我个人的看法是，这个教师很难有既保全面子又显得大度的做法。如果非要在"面子"与"大度"之间做一个选择的话，还不如选择"大度"一些。在硬着头皮回到课堂之后，索性大方地承认自己在上次偶发事件中犯的过错，并请求学生的原谅，接着，再对自己今后的行为调整提一点要求，当然，也可以说一些希望同学们监督之类的话语。如此，固然有失"面子"，但实际上却能挽回自己的形象，还有利于改进自己的课堂教学行为，提高课堂教学质量。

案例 39.3 我就不喜欢学

有一年我接手了文科班的英语教学,上第一节课,我对学生说:"上文科班的学生一定是喜欢学英语的……"还没等我把话说完,有个学生就嘟哝了一句"我就不喜欢学"。当时突然想到自己的话说得太绝对了,向学生道了歉后,我说:"允许同学们不喜欢学,但我想等同学离开这所学校的时候,每位同学都能喜欢上英语,这需要我和同学们的共同努力,你们有信心吗?"学生大声答道:"有!"

下了课后,我一直在思考如何把这个典型的事件处理好,了解到他的英语很差后,我开始跟他多接触,又安排他负责放英语录音。慢慢地发现他开始有点喜欢英语,但是成绩还很不理想。

有一天晨读时我安排学生背课文,上课提问。走到他跟前,我小声问:"今天我提问你第二段,能背下吗?"他听完后,整个早晨就在那里背诵第二段。上课提问时,我似乎无意识地提问了他,他背得比那些优秀的学生还熟练,借此我表扬了他。以后我就多次利用这种事先安排的办法,使他一次一次地获得成功,他开始喜欢上了英语。①

案例 39.3 中,教师有些武断地说出文科班的学生都是喜欢英语的。孰料竟然有学生不以为然,并且抗议地说道"我就不喜欢学"。对此,教师认识到自己的话讲得太绝对了。毕竟,学生有不同的学习兴趣是很正常的,对英语课不喜欢也是客观存在的。因此,教师并没有对学生的质疑和挑战进行一番教育批评,也没有唠叨不止地讲一通不着边际的大道理。执教教师当堂采取的管理措施主要有:一是就刚才有些武断的话向学生道歉,二是就学生都喜欢学习英语提出共同愿景。对那位口头抗议的学生,教师还采取了后续的管理措施,包括:多与他进行接触,安排他放英语录

---

① 张锐. 课堂偶发事件处理方式例谈 [J]. 天津市教科院学报, 2006, (6).

音,在沟通好的前提下对他上课提问,不失时机地进行表扬。教师的努力,特别是多次开展的"成功教学法",最后取得了较为理想的效果。

点睛笔:

  1. 作为教育者的教师,在面对学生犯错误的时候,不能总是在气愤的状态下,以严厉的语气来批评学生。毕竟,教师在课堂中教育学生时,不但要考虑学生的接受程度,而且要考虑课堂管理和教育的效果。

  2. 当学生表达出对教学不满意的时候,教师要保持足够的冷静,至少不能表现出被激怒的样子。否则,教师如果失去了冷静,仅仅剩下生气和愤怒,那么就很容易说出有欠考虑的话,做出事后后悔的行为举止。

  3. 如果非要在"面子"与"大度"之间做一个选择的话,还不如选择"大度"一些。如此,固然有失"面子",但实际上却能挽回自己的形象,有利于改进自己的课堂教学行为,提高课堂教学的质量。

40. 你在跟我逗着玩吧

课堂教学中，偶发事件可谓是种类繁多，可能发生个别学生针对教师的恶作剧，可能发生学生对教师有意无意的口头语言冒犯，也有可能发生学生用书面语言冒犯教师而被发现的事件。假如在课堂教学中偶然发现学生的书本、作业本或笔记本上，赫然写着冒犯自己的言语，你会采取什么样的管理措施呢？是一笑置之不予追究，是假装视而不见却暗中记恨于心，是没收"罪证"课后再"算账"，还是当堂爆发，语重心长地进行教育批评？在这里，我们将结合案例，探讨一下类似课堂偶发事件的管理细节。

案例 40.1　学生作业本上的气话

有一次，一名同学在数学本上写了"老范，我恨你"几个字，不巧又落到范老师手里，她不知不觉地顺口念出了声。全班学生听了都很震惊，范老师自己也为之一震，此刻教室里一片寂静，同学们等待教师的训斥。这时范老师冷静下来，微微一笑看着那位同学说："你跟我逗着玩吧？"一句话打破了僵局，课堂气氛又活跃了。范老师明白，他肯定是做题做烦了，一时间写下这气话，老师绝不能当真。但从这句话中反映出他对做数学难题缺乏一种坚忍不拔的毅力，表现出畏难情绪。从此范老师有意识地培养他，关心指点他。事后那位同学哭了，与范老师的感情更深了。当然，他的数学成绩也提高了。①

案例40.1中，范老师拿到了学生写有气话的数学本，更为意外的情况是，范老师下意识地顺口念了出来，这使全班学生都感到很震惊，正常的课堂教学秩序也受到了严重干扰。面对这一意外情况，范老师的课堂管理可谓是可圈可点，在细节方面有以下几点值得我们学习借鉴。

第一，冷静下来，微微一笑看着学生。案例中，范老师顺口念出了学生数学本上"老范，我恨你"这句话。在全班学生和自己都感到惊讶之后，范老师并没有如学生所料那般进行训斥，而是迅速地冷静下来，调整好自己的心理状态。然后，范老师微微一笑看着学生，让自己和学生都更好地放松下来，从而为接下来的言语表达做好了准备。

第二，轻松地说"你跟我逗着玩吧"。案例中，范老师在微微一笑的同时，看着那个学生，说了一句"你跟我逗着玩吧"。范老师这一句话，最终打破了师生交往中出现的僵局，重新活跃了课堂气氛，也将自己遇到的尴尬化解于无形。范老师的管理方式，能让那名在数学本上写了"老范，我恨你"的学生，更好地反思自己的行为，也能让全班学生感受到教师的宽容、大度、机智和幽默。

第三，课后有意地关心指点那个学生。案例中，那名学生在作业本上写上"老范，我恨你"这几个字，固然表达的是对老师的不满，但其不满意的原因具体是什么，则有必要作深入细致的分析，以便更加有针对性地解决这一问题。范老师很清楚，那个学生写上这句话是有原因的，即"他肯定是做题做烦了"，从中也反映出他"缺乏一种坚忍不拔的毅力"。

虽然要解决好这一问题必须利用课外时间，而且表面上看起来似乎与课堂管理关系不大，但实际上这是课堂管理的延伸，真正解决好这个问

---

① 刘义军. 课堂偶发事件的调控对策 [J]. 中小学教师培训，2000，(8).

题，对于今后的课堂管理是非常有助益的。从案例提供的信息来看，范老师在课堂偶发事件之后，有意识地关心帮助那个学生，而且取得了相当不错的成效，即学生的数学成绩提高了，师生感情更深了。我们也有理由相信，这个学生今后在数学课上的行为表现，必定会有很大的改进。

课堂教学中，不仅会偶发学生调侃或冒犯教师的事件，也会意外发生学生取笑同学的情况。案例40.2描述的事件，就是课堂教学中发生的学生取笑同学的意外情况。

案例40.2　学生在课堂上被同学取笑

在一节英语课中，学习的主要内容是"职业"，学生熟练地朗读："engineer, engineer是工程师；artist, artist是画家；cleaner, cleaner是清洁工。"突然，有个声音特别响亮刺耳："cleaner, cleaner是扫大街的。"这引来了一阵嬉笑。只见一个叫静的女孩子，趴在桌子上，眼中泛着泪花，求助地看着我，而同学们正对着她指指点点。"老师，静的妈妈就是个扫大街的。"那刺耳的声音再次响起。找到声音的来源，原来是杰，静的头更低了。此时，作为老师，应该怎样回应？[①]

案例40.2描述了这样一个课堂偶发事件情景：在一节英语课中，有一个学生以响亮刺耳的声音，引申"cleaner"一词的词义，以恶意取笑学生静的母亲的职业。在案例中，没有给出当时任课教师的课堂管理方式，而是提出了一个问题，即教师应该如何有针对性地进行课堂管理？

毫无疑问，学生杰公然在课堂上取笑同学、破坏课堂秩序的行为，是需要进行教育批评的。教师碰到这样的情况，难免会有愤怒的情绪。如果教师放任自己的情绪，就很容易占用课堂教学时间，对某学生进行一番严厉批评。但冷静地思考一下，这样进行课堂管理是不可取的。原因有三：

[①] 王晓春. 课堂管理，会者不难 [M]. 北京：中国轻工业出版社，2010：165.

一是占有大家共同的教学时间，只对某一个学生进行批评，无疑是损害了大家共同的利益。二是教师不控制自己的情绪，对学生发火（姑且认为批评学生时会带有负面情绪），不仅会影响教师本人的心理状态，也会影响课堂教学的氛围，从而影响课堂教学的质量。三是对学生杰进行当堂批评，可能会将事态扩大化，这样就有可能让学生静受到更大的伤害。

当然，教师对这种情况视而不见，继续按照预设的教学方案来实施教学，也会给接下来的课堂教学，乃至与学生静的关系埋下隐患。一般来说，比较可取的一种做法是：面对学生的故意犯错、影响课堂秩序的行为，在当时宜进行冷处理。教师可以用简短的语言制止学生杰的言行，要求学生杰遵守课堂纪律，并且要求学生杰课后或某个时间到教师办公室，帮助这位学生认识、承认和改正自己的错误。在课堂教学中，教师还应设法调整好自己和全班学生的状态，尽快地实施接下来的教学方案。当然，在事后科任教师还可以和班主任商量，根据实际情况，看看有没有可能就这一课堂偶发事件，专门设计和召开一次主题班会课。

点睛笔：

1. 在课堂管理中，教师的幽默有助于打破师生之间的僵局，重新活跃课堂气氛，也能够将自己遇到的尴尬化解于无形。

2. 很多课堂管理问题的解决需要利用课外时间，利用课外时间来解决课堂管理时遗留的问题，实际上这是课堂管理在课外的延伸。

3. 面对学生的故意犯错、影响课堂秩序的行为，教师在上课时可以采取冷处理的方式，不宜在课堂中花过多的时间处理课堂纪律问题。

41. 谁能帮我拿一下书

在学校生活中，学生吵架应该说是时常发生的事情，但在上课之前或上课过程中，学生一般会比较"老实"，不大会将同学之间的矛盾，暴露在教师的眼皮之下。然而，在现实的课堂教学中，意外的情况还是会不时地发生。当课堂上发生学生吵架，并影响到教学秩序时，教师应该如何进行有效的课堂管理呢？

案例 41.1　学生在上课前哭鼻子了

在一次公开课的前两三分钟，两名学生不知为什么事争执了起来，其中一位还哭鼻子了。学生、听课的老师都不约而同地把目光，投向了执教的老师。这位教师此时还是不慌不忙，微笑着，像突然想起什么似的说道："哎哟！老师太粗心了，把该拿的一本书忘记在办公室里了，谁帮我去拿一下？"

霎时，教室里小手如林，那个哭鼻子的学生也举起了手，老师冲他点点头说："好！请你去帮我拿一下。"那位学生眼泪也顾不上抹，就跑出了教室，不一会儿就把书拿来了。

这时，执教的老师又微笑着说："老师太粗心，差点误了事，多亏这位同学，我得好好感谢他。"说完，对那位同学微微一弯腰，顿时教室里掌声四起。在这里，正是妙用"忘了带书"这一美丽的"借口"，化解了学生之间的矛盾，及时调整了学生的不良情绪，维持了正常的课堂秩序。①

案例41.1中，两名学生在公开课前发生了争执（吵架），争执的程度估计还比较严重，其中一位学生因为争执而哭鼻子了。这两名学生的争执虽然发生在课前，但显而易见已经吸引了其他学生和听课教师的注意力。在这种情况下，如果不马上采取管理措施，那么要想正常地开始上课，就很难做到了。面对这一课堂意外事件，执教老师以"忘了带书"为"借口"，巧妙地进行了有效的课堂管理。我们可以从以下几方面，来具体分析其中的管理细节。

第一，不慌不忙地以略显夸张的语气说话。案例中，两名学生的争吵已经影响到课堂秩序，其他学生和听课老师都期待执教老师马上解决。也许在有的学生和教师看来，比较"常规"的做法是批评两名学生，并且制止他们继续争吵。而案例中的执教老师对于公开课的学生争吵，以微笑来面对，表现得不慌不忙、不显紧张，好像看上去并不担心会影响接下来的课堂教学。而且，执教老师以略显夸张的语气说话，一开始地说了句"哎哟"。执教老师这么做，有利于吸引学生和听课老师的注意力，淡化由两名学生吵架带来的不良影响。

第二，请学生帮老师去拿一本忘带的书。案例中，当执教老师成功地转移了学生的注意力之后，并没有纠缠于与上课内容无关的学生争吵，而是通过采取后续措施，进一步消除课前学生争吵和学生哭鼻子带来的负面影响。执教老师压根不提学生争吵影响课堂秩序这件事，只是略显夸张地继续说道自己太粗心了，忘带一本上课要用的书。并且，还提出要请一个学生帮忙拿过来。这样一来，原来其他学生和听课老师关注的焦点，基本上从两名吵架学生身上，转移到执教老师和即将开始的课堂教学之上。执

---

① 张锐. 课堂偶发事件处理方式例谈[J]. 天津市教科院学报，2006，(6).

教老师安排学生帮自己拿书这一任务，貌似与教育批评违反纪律的学生无关，但却起到了比简单地批评学生更好的课堂管理效果。

第三，特意让哭鼻子的学生帮自己去拿书。案例中，执教老师设计让学生帮忙拿书这一任务，应该是很有目的性、针对性的，主要是为了解决两名学生争吵带来的课堂秩序问题。当教师提出请学生帮自己拿一下忘在办公室的书时，已经初步地制止了学生吵架给课堂秩序带来的混乱。虽然班上大多数学生的学习状态基本调整好了，但那个哭鼻子的学生，却还没从低落的情绪中走出来。这一点可以从案例提供的信息推理出来，当教师提出请学生帮忙拿书时，那个哭鼻子的学生尽管也举了手，但脸上的泪水还没有擦干净。执教老师显然一直在关注那两个吵架的学生，当注意到那个哭鼻子学生的状态时，就冲他点点头，还特意安排他去拿书。这样的安排无疑是比较合理的，从课堂管理的角度来讲，或许是能使效益最大化的一招。

第四，对那位学生微微弯腰，表示感谢。作为学生，都非常渴望得到教师的表扬。对于犯了错误的学生来说，如果有机会也能得到教师的表扬或肯定，那应该是更加值得高兴的事。案例中，也许学生的年龄还比较小，同学间争执导致了一个学生哭鼻子了。我们知道，越是年龄小的学生，越是会把帮助老师看成非常光荣的事。当那位顾不得抹眼泪的学生跑出教室，很快地把书拿回来之后，应该是很有成就感的。在这个时候，教师的表扬和鼓励必定会使他终身难忘。

难能可贵的是，执教老师用相当隆重的方式，来表示对那位学生的感谢。执教老师不仅口头说了多亏这位同学，要好好地感谢他，而且还用对那位学生微微一弯腰的行为，进一步表达了谢意。执教老师如此的课堂管理，不能不说是非常高明的——不仅非常圆满地解决了课堂秩序问题，也给哭泣的学生留下了难忘的印象，同时还赢得了全班学生和听课老师的鼓掌和喝彩。这在无形中为自己塑造了良好的形象，提升了自己的人格魅力。

在课堂教学中，除了会发生由吵架引起的学生哭鼻子现象，也会发生由其他情况引起的学生当堂哭泣。个别学生在课堂上的哭泣，肯定会吸引其他学生的注意力，干扰课堂教学的正常开展，从而给教师的课堂管理带来挑战。下面，我们将结合案例41.2，对学生当堂哭泣带给课堂管理的挑战和应对，作一点简要的分析和讨论。

案例41.2 一封被曝光的示好信

有一天上午的第四节课，同学们在疲劳和困倦中听讲。突然，天色暗了下来，紧接着狂风裹着倾盆大雨从天而降。就在同学们赶忙收捡课桌上的书本文具时，意外发生了。一个男学生给班上一个漂亮女同学写的示好信，被风吹到其他同学座位上而被传阅，弄得那位女同学呜呜大哭，那个写信的男同学也非常难为情。

我边叫那位同学将信收起来，边对大家说："这有什么值得大惊小怪的！爱是人之本性，是美好而神圣的。这位同学很有爱心，同学们也都很有爱心，前几天大家涌跃为四川地震灾区捐款，不就是有力而生动的证明吗？不过，同学们现在的主要任务是学习，学校不赞成同学之间谈恋爱。大家都是接近成年的人了，要争取做一个道德高尚，懂法守法的人，要学会尊重和保护别人的隐私。"

听了我的讲述，同学们停止了嬉笑议论，课堂秩序恢复了正常。[①]

案例41.2中，突然刮进教室的大风，把一个男学生写给女学生的示好信曝光了。这封信在学生之间相互传阅着，我们可以推断，还有些学生在饶有兴致地小声讨论着这件事。此时，那封示好信涉及的女主角被弄得呜

---

① 向红静. 处理课堂偶发事件的"五巧"[J]. 科学咨询（教育科研），2009，(4).

呜大哭，课堂秩序估计也陷入了一定程度的混乱。针对这种情况，教师采取的课堂管理措施主要有以下两方面。

第一，尊重学生，让写信者马上将信件收起来。案例中，示好信的传阅是引起课堂混乱的根源。要中止课堂秩序的混乱，教师需要采取必要的措施来处理这封信。对于这封信，教师没有大做文章，对那位男学生进行批评和责备，也没有将其没收，而是轻描淡写地让学生将信收起来。这条看似简单的课堂管理措施，体现了教师对学生的尊重，避免了当事人的反感和对抗，同时也在一定程度上淡化了其他学生对此事的关注。

第二，借机对学生进行教育。应该说，学生们对示好信的好奇和关注是符合年龄特点的，但在尊重别人隐私和感受这一点上做得并不妥当。对此，案例中的教师阐明了学校的立场和自己的观点，对学生进行了一次具有针对性的教育。教师首先说明这件事本身是正常的，不值得大惊小怪，并以捐款灾区献爱心来说明"爱是人之本性，是美好而神圣的"。接着重申了学生的主要任务和学校的立场，然后阐述了对待别人隐私应该持什么样的态度。案例中，教师讲解得合情合理，学生们听得入脑入心。到此，教师的课堂应急管理基本结束了，与此同时，课堂秩序也恢复了正常。

点睛笔：

　　1. 执教老师安排学生帮自己拿书这一任务，貌似与教育批评违反纪律的学生无关，但却起到了比简单地批评学生更好的课堂管理效果。

　　2. 作为学生，都非常渴望得到教师的表扬。对于犯了错误的学生来说，如果有机会也能得到教师的表扬或肯定，那应该是更加值得高兴的事。

　　3. 执教老师不仅口头说了多亏这位同学，要好好地感谢他，而且还用微微一弯腰的行为，进一步表达了谢意。执教老师以隆重的方式进行课堂管理，不能不说是非常高明的——不仅非常圆满地解决了课堂秩序问题，也给哭泣的学生留下了终生难忘的印象，同时还赢得了全班学生和听课老师的鼓掌和喝彩。这也在无形中为自己塑造了良好的形象，提升了个人的人格魅力。

　　4. 教师轻描淡写地让"肇事"的学生将信收起来这样的课堂管理措施，体现了教师对学生的尊重，避免了当事者的反感和对抗，同时也在一定程度上淡化了其他学生对课堂偶发事件的关注。

42. 上课时气球爆掉了

课堂教学中发生的偶发事件，从其直接触因来看，大致可以分为三类：有的是由学生引起的，有的是由教师的失误造成的，有的则是由外界环境因素促发的。细究由学生引起的课堂偶发事件，可以发现有的是由学生有意引起的，如学生针对教师或同学的恶作剧；有的是由学生无意引起的，如学生在上课时提出要小便、在课堂上突然呕吐等。我们接下来要讨论的两个课堂应急管理案例，都是由学生无意引起的课堂意外事件。

案例 42.1　突然爆炸的气球

正在上课，突然教室里"嘣"的一声，我和同学们都被吓了一跳，环视全班，聪儿满脸惊慌的表情，他附近的同学看看他，看看我，似乎在等待着什么发生。我走到聪儿的身旁，发现一个烂掉的气球，我猜，这个爆了的气球，一定也把他自己吓坏了。看着这个惊魂未定的孩子，我拍拍他的肩，轻轻说："吓着了吧！"然后又微笑着对全班同学说："孩子们！咱们应该感谢小聪啊！他一定是怕谁在课堂上精神不振，所以才牺牲了自己的气球给大家提提神。"同学们都笑了，笼罩在整个教室的紧张气氛消失了。继续上课，我敏感地发现这件事不但没让同学们分神，大家反而学得更专心了。而下课的时候，聪儿跟在我的身后，他跟上我说了一句话——

老师，我错了。对于一个已经主动认错的孩子，还需要再进行教育吗？[①]

案例42.1中，气球爆炸发出的一声大响，惊吓到了沉浸在课堂教学之中的师生，正在有序推进的课堂教学被迫中断了。在这个时候，需要教师果断地采取有效的课堂管理措施，来过滤气球突然爆炸带来的消极影响。案例中教师的课堂管理细节，可以从以下几方面进行分析。

第一，环视全班，然后走到学生聪儿的身旁。课堂中突如其来发生的气球爆炸，显然在师生的意料之外。对于这一突发课堂事件，教师不见得比学生了解得更多。要想在极短的时间内做出正确的决策，管理好这一课堂偶发事件，第一步当然是尽可能了解事件的原因，观察学生的反应，以及判断突发事件带来的影响。只有做好这一步，才能牢牢掌握主动权，游刃有余地开展课堂管理。

案例中的教师应该是深谙这一点的。教师先是环视全班，做到基本了解这一事件的大致情况。当发现学生聪儿满脸惊慌的表情时，教师已经能确定气球爆炸的"肇事者"了。然后，教师走到学生聪儿的身旁，以便进一步了解事情的有关情况，为推出下一步管理措施做好准备。

第二，拍拍聪儿的肩，用轻轻的言语安慰他。案例中的教师走到学生聪儿的身旁，果然有不少收获，不仅发现一只烂掉的气球，证实了学生聪儿的过失，而且发觉这个孩子被爆炸吓得不轻，可谓是"惊魂未定"。处于这种状态下的学生，最为迫切的需求不是被告知你犯错误了，违反课堂纪律了，也不是被告知要诚恳地接受批评，以及向老师和同学们道歉，而是想得到来自老师和同学们的原谅、安慰。

对此，案例中教师的课堂管理措施是：看着这个孩子，拍拍他的肩，并且轻轻说："吓着了吧！""看着这个孩子"意味着沟通是真诚的，"拍拍

[①] 资料来源 http://sq.k12.com.cn/discuz/forum.php?mod=viewthread&tid=603196&extra=page%3D4%26filter%3Dtypeid%26typeid%3D18%26typeid%3D18.

他的肩"是用行动来消除学生的紧张感,"轻轻说吓着了吧"则是用言语来强化安慰的效果。应该说,教师这样的做法,是与教育学、心理学的要求相合拍的,是在了解学生心理状态基础上,进行的合情合理的管理。这充分体现了"以学生为本"的教育理念。

第三,微笑着对全班同学说,大家应该"感谢小聪"。案例中的教师,凭借自己细致入微的观察,真实解读了学生,通过真诚的言行,安慰了无心违纪的学生。不过,做到这一点,还完全没有解决气球爆炸带来的课堂管理危机,教师还需要采取措施,消除气球爆炸给课堂秩序带来的不良影响。在这方面,教师的处理方法同样是可圈可点,洋溢着教学的智慧和教育的魅力。案例中教师以微笑的方式对全班同学说,并且提出大家应该感谢学生小聪。教师微笑的表情,有助于稳定和调整学生们的情绪,而提议大家感谢学生小聪,更可谓是神来之笔。

在解释之所以感谢学生聪儿的理由时,教师是这样的描述的,"他一定是怕谁在课堂上精神不振,所以才牺牲了自己的气球给大家提提神"。在这里,教师巧妙地把"气球的爆炸声",说成是"给课堂上精神不振学生提神的声音",把"学生聪儿气球爆炸的过失",说成是"牺牲自己气球成全别人的高尚行为"。教师的幽默和智慧,让大家都开心地笑了,原先笼罩在整个教室的紧张气氛,也随之消散殆尽了。更为可喜的是,学生们在偶发事件之后学得更专心了,下课之后学生聪儿也主动诚恳地承认了错误。可以说,教师别具风格的课堂管理,起到了转"危"为"机"的作用,在某种程度上产生了化腐朽为神奇的积极效果。

在课堂教学中,学生无意引起的课堂偶发事件,不是个别或罕见的现象。下面我们结合案例42.2,再来分析此类事件的课堂管理细节。

案例42.2　学生小便引起的骚动

上课铃声响起。突然,一个学生要小便,全班骚动。

"你去吧。"教师说完，有了好主意，"小朋友们，请你们看着墙上的钟表算一算，他浪费了我们多少时间？"

该生回来后，学生纷纷汇报因他浪费的时间，结果不统一。

教师说，"你们是怎样看时间的呢？你们想交流吗？"在学生交流中，教师相机教学新知"认识钟表"。①

案例42.2中，一个学生没有利用好课间休息时间，在上课开始之后突然提出要小便。这位学生不合常理的"出牌"，引起了同学们的议论和全班骚动，给正在进行的课堂教学，带来了管理上的小小危机。对此，案例中的教师因势利导，巧妙化解了学生这个举动带来的课堂秩序问题。教师在课堂管理上的细节，可以从以下两方面进行具体分析。

第一，请学生们算算浪费的时间。对于课堂纪律明令禁止的行为，很多教师的课堂管理方式是重申一下纪律，教育批评一下违纪的学生，然后要求全体学生把注意力放回到课堂任务上面。案例中学生在上课之后要求去小便，不仅影响了课堂教学的秩序，还浪费了宝贵的课堂教学时间。这在表面上看上去似乎一无是处，好像只有负面的影响。案例中教师的高明之处在于，从教学资源的角度来看待这一偶发事件，结合一个学期或一个单元中的教学安排，巧妙地提炼偶发事件中的有用成分，随机生成新的教学任务，即让其他学生看着墙上的钟表，算一算浪费的时间。

第二，让学生交流对时间的看法。阅读案例，我们很容易得知，等外出小便的学生回来后，其他学生虽然积极汇报浪费的时间，但是实际上浪费的时间是多少，却没有形成统一的答案。这说明案例中的学生应该是年龄比较小的孩子，他们不能全部做到准确地认知时间和钟表。当然，对于没有系统学习过的新知识，小朋友们的表现也是正常的。这样的结果应该

---

① 严育洪. 这样教书不累人 [M]. 北京：教育科学出版社，2009：148.

在教师的预料之中。于是，教师进一步提出新的教学任务，即"你们是怎样看时间的呢？你们想交流吗？"这一教学任务的开展和完成，也就意味着学生提前学习了新知"认识钟表"。至此，教师通过对课堂细节的管理，别具匠心地将课堂偶发事件"变废为宝"。

点睛笔：

1. 要想在极短的时间内做出正确决策，管理好课堂偶发事件，第一步当然是尽可能了解事件的原因，观察学生的反应，以及判断突发事件带来的影响。只有做好这一步，才能牢牢掌握主动权，游刃有余地开展课堂管理。

2. 处于"惊魂未定"状态下的学生，最为迫切的需求不是被告知你犯错误了，违反课堂纪律了，也不是被告知要诚恳地接受批评，以及向老师和同学们道歉，而是最想得到来自老师和同学们的原谅、安慰。

3. 学生在上课之后提出去小便，不仅影响了课堂教学的秩序，还浪费了宝贵的课堂教学时间。这在表面看上去似乎一无是处，但从教学资源的角度来看待这一偶发事件，却有其独特的作用。案例中的教师结合一个学期或一个单元中的教学安排，巧妙地提炼偶发事件中的有用成分，随机生成新的教学任务，起到了"化腐朽为神奇"的作用。

43. 学生在课堂上呕吐

课堂偶发事件有不少是由学生引起的。不管是学生有意引起的偶发事件，还是学生无意引起的偶发事件，都会干扰课堂教学秩序，影响课堂教学的正常进行。前面我们已经结合案例，对这两种类型偶发事件的课堂管理细节，进行了若干讨论和分析。在这里，我们将结合有关案例，继续探讨由学生无意引起偶发事件的课堂管理细节。

案例 43.1　学生在上课时吐了一地

一天下午，我正在讲着课，突然"哇"的一声，小明同学吐了一地，时值盛夏，一股难闻的气味立刻充满整个教室。小明同学脸色苍白，汗珠从额上渗出来，痛苦地趴在桌子上。见他这样，我的心紧紧地揪在一起。学生们的表现呢？有的捏鼻子，有的扇着书驱赶气味，有的竟然起哄："熏死了，熏死了！"

面对这一场面，我心里"腾"地一下子就火了："同学生病了，这么多同学就没有一个能主动站出来帮忙，还幸灾乐祸，你们还有点人情味吗？"我真想狠狠地教训他们一顿，刹刹他们的歪风邪气，但经验告诉我：这可是全校有名的乱班啊，出现这样的情况，并不新鲜。有的学生怕脏，不愿帮忙；有的学生怕讽刺，主动出来帮忙怕其他同学说他"装好人"。对于这样的班集体，粗暴的责备和训斥是不能从根本上解决问题的，即使我的责罚暂时生效，也不会维持几天，反倒会拉大师生之间的距离，给以后的工作造成障碍。

我疾步来到小明面前,掏出自己的手帕,一边为他擦汗,一边询问病情,确认是因感冒所致,我的心才稍微放松了点儿,于是,我拿起笤帚和撮子,从外面取来沙子,清扫呕吐物。"身教重于言教",教室里很快静了下来,大家的目光都集中在我身上,有的惊讶,有的满脸羞色……班长和另外两个班干部,连忙接过我手中的工具接着打扫。我布置学生们上自习,马上带着小明同学去了医院。

从此,班级里同学之间互相关心、互相爱护蔚然成风。[①]

案例43.1讲述的是学生在上课过程呕吐的故事。在故事情节中,对于呕吐的学生,其他学生不仅没有主动过去关心和帮忙,反而表现出厌恶的样子,甚至还起哄,学生们的表现着实令执教老师心中上火。尽管如此,执教老师还是采取了比较到位的课堂管理措施,在教育学生、塑造自身形象等方面,取得了良好的效果。教师的课堂管理细节,可以从以下几方面进行具体分析。

第一,冷静思考,排除粗暴的责备和训斥。案例中,正在投入讲课的教师,被突然发出的一声"哇"打断了教学,想必此时的心情不会好到哪里去。再看到学生们对待同学身体不适的表现,更是会造成心中怒火丛生。教师若是依着自己的怒火而行事的话,那么狠狠地教训学生一顿,似乎是合乎情理的做法。但这位有着较为丰富课堂管理经验的教师明白:简单粗暴的责备和训斥解决不了问题,尤其是对于这个全校有名的乱班;尽管学生表面上服从,不敢当面质疑教师的训斥,但教师的责罚顶多是暂时生效,难以长久维持,而且长期来看还会疏远师生关系,不利于今后教育教学活动的开展。于是,教师在冷静思考之后,排除了用空洞说教方式来

[①] 赵国忠. 透视名师课堂管理——名师课堂管理的66个经典细节[M]. 南京:江苏人民出版社,2007:83.

进行课堂管理的做法。

第二，疾步来到学生小明面前，了解情况。既然排除了要教训学生的想法，那么当务之急则是关心和了解一下学生小明的病情。教师在心中有定计之后，快步地走到学生小明面前，进一步关心学生小明，细致地了解致病的原因。当看到学生满头大汗的样子，教师毫不犹豫地掏出自己的手帕为他擦汗。同时，又关切地询问其身体情况。直到确认小明的病情并不严重，只是由感冒引起的身体不适，教师紧张的心情才稍微放松了点。在这里，教师对自己的行为实际上做了两次取舍——在训斥其他学生和关心生病学生之间，选择了关心生病的学生；在关心生病学生和清除呕吐物之间，选择了先去关心学生。

第三，从外面取来沙子，动手清扫呕吐物。教师在关心和了解生病学生之后，清除学生呕吐物成了需要马上解决的一件事情。让谁来清扫呕吐物？作为教师，应该是有一定选择权和决定权的。毫无疑问，教师有充足的理由让值日生来清扫，也可以让班干部带头来清扫。对此，教师心中显然又有一番计较：让学生来清扫并非行不通，但他们难免不情不愿，而且从整体的教育效果来看，显然是大打折扣的。于是，教师有意识地将"身教"进行到底，亲自动手，拿起笤帚和撮子，从外面取来沙子，清扫呕吐物。从管理和教育的效果来看，教师以身作则的行为，让学生感到惊讶和惭愧，并且促使几名班干部连忙接过教师手中的工具接着打扫。

第四，布置学生们自习，带小明去了医院。案例中的教师可能是这个班的班主任，在处理好现场呕吐物之后，就布置其他学生上自习，然后马上带着小明同学去医院看病。教师这么做充分照顾了生病的学生，而且，也能使学生小明终身难忘。不过，这也是以牺牲大多数学生的学习时间为代价的。假如执教老师不是班主任，那么在送小明去医院的人选上，或许还有其他可替代的方案，比如说通知班主任来带小明去看病。

总之，案例43.1描述的课堂偶发事件是由学生无意引起的，作为引发偶发事件的当事者，并不存在不当或过错的行为，但其他学生在偶发事件中的表现，却是需要教育引导的。无独有偶，案例43.2描述的课堂偶发事件，与案例43.1有类似之处，两个案例中教师的课堂管理措施，也有着异曲同工之妙。

案例43.2　上课前的学生撞倒事件

一天上课前，有两位同学迟到，为了抢先，后面的湘奇推倒前面的梓超一跃而过，对于被撞倒在地的梓超不予理睬，对此，同学们的表情各异，就是没人主动帮忙。这时，我迎着同学们的目光，亲自扶起梓超，帮他敷药，结果，同学们都面有愧色，湘奇也主动认错。[①]

案例43.2中，上课迟到的学生湘奇为了抢先进入教室，"不择手段"地推倒挡在前面的同学梓超。更为可气的是，"夺门而入"的湘奇对于自己犯的错误无动于衷，只顾自己抢先进入教室，对于被撞倒在地的梓超同学，却不予理睬。应该说，就学生湘奇来说，一个人犯了好几个错误：一是上课迟到，这说明没有提前做好课前准备；二是迟到之后进入教室的动静很大，对上课造成了较大的不良影响；三是为了让自己抢先进入教室，"不惜"推倒挡在前面的同学；四是撞倒同学之后还一跃而过，既没有主动承认错误，也没有弥补过失，扶起被撞倒的同学。

除学生湘奇犯了不少错误外，其他学生对于撞倒在地的梓超，也没有主动帮忙，他们的表现显然也难以令教师感到满意。对此，教师似乎有着充足的理由来生气发火，来教育批评学生，乃至训斥、责骂学生一顿。但聪明的教师并没有这么做，因为表面看上去，这样的管理措施虽然能出气，或许也能起到一定的作用，但真实的效果却往往事与愿违。教师以自

[①] 赵国忠. 透视名师课堂管理——名师课堂管理的66个经典细节 [M]. 南京：江苏人民出版社，2007：83.

己帮助被撞学生的行动，代替了言语上的空洞说教。教师亲自扶起被撞倒的学生梓超，并且帮他敷药，这看上去似乎与强调和维护课堂纪律无关，但实际上却发挥了良好的课堂管理效果。在学生道德教育方面，也能帮助某些学生"迷途知返"。

点睛笔：

1. 简单粗暴的责备和训斥即便能让学生表面上服从，不敢当面质疑教师的训斥，但教师的责罚顶多是暂时生效，难以长久维持。长期来看，还会疏远师生关系，不利于今后教育教学活动的开展。

2. 在训斥其他学生和关心生病学生之间，要选择关心生病的学生；在关心生病学生和清除呕吐物之间，也要选择先去关心学生。

3. 教师以身作则的行为——亲自动手，拿起笤帚和撮子，从外面取沙子来清扫呕吐物，不仅会让学生感到惊讶和惭愧，而且能让学生更加深刻地认识自己的错误，改正自己的行为。

44. 学生的量角器断了

课堂教学中的偶发事件，由学生引起的占了相当大一部分。前面我们对学生引发课堂偶发事件的课堂管理，进行了较多的讨论和分析。概括前面探讨的这些偶发事件本身，我们可以发现，这些偶发事件都较为严重地影响了课堂秩序，给教师的课堂管理带来不少的挑战。在真实的课堂情境中，由学生引起的偶发事件，也未必都会比较严重地干扰教学。但由于其突发性，我们仍可认为它是偶发事件，仍需要对其进行恰当的应急管理。

案例 44.1 学生的量角器坏了之后

这是一位优秀的数学教师在上"角的度量"一节公开课。

该教师在指导了学生如何使用量角器量角的度数后，学生开始了实践活动。活动中，绝大多数学生都掌握了如何用量角器去度量锐角、直角、钝角的方法，教师十分满意。

就在这时，一个学生喊道："老师，我的量角器断了，还有一个钝角的度数没有度量，怎么办？"听课的教师嘀咕：借一个量角器给他不就行了。该教师并没有这样做，却乘机抛出一个问题："小鹏的量角器断成了两半，它还能量角吗？"问题就这样抛给了学生。

"那小半块量角器肯定不行了，因为它没有中心点。"一个学生说道。

"那大半块上面有中心点，还有刻度，应该可以量。"另一个学生紧接着补充道。

"可是小鹏量的是钝角,那大半块量角器也不管用呀!"一个学生提出了质疑。

"怎么解决这个矛盾呢?请同学们讨论一下。"教师的话音刚完,听课教师就会意地笑了。接下来,教学的闪光点出现了。

"先利用三角板上的直角,在所量的钝角上画出一个直角,再利用那大半块量角器去量余下角的度数,用量得的度数加上90°,就是原来钝角的度数。"有个小组的学生说出了本组的方法。

"可以把这个钝角分成两个锐角,用那大半量角器分别量出两个锐角的度数后再相加,就是所量钝角的度数。"另一个小组的学生谈出了不同的方法。

"老师,还可以把这个钝角补成平角,量出补上的锐角的度数,再用180°减去补上的锐角的度数就行了。"另一小组的学生迫不及待地进行了补充发言……①

案例44.1中,数学教师正在有条不紊地进行着主题为"角的度量"的公开课。突然间,一位学生由于量角器的断裂而叫喊。虽然这一偶发事件使教学出现了短暂的中断,但那个突然叫喊学生的动机不是为了破坏教学秩序,其造成的结果,也并不怎么严重。在有的听课教师看来,只要借一个量角器给那位学生,就能比较好地解决问题。不过,执教老师并没有采取这一措施,而是以此为契机,引发学生的思考和讨论。在课堂管理方面,有两点细节之处值得我们学习借鉴。

第一,乘机抛出问题,即断成两半的量角器还能否量角。案例中,学生因为量角器的断裂,没有请示教师就叫喊道,说自己不能量钝角的度数了。对于这种情况,教师并没有给学生一个量角器,就此简单地把这个问

---

① 宋运来. 影响教师一生的100个好习惯 [M]. 江苏:江苏人民出版社,2009:128.

题解决掉。教师的课堂管理措施，是乘机抛出一个与之相关的问题，即"小鹏的量角器断成了两半，它还能量角吗"。这个问题虽然不是教学预设中的问题，但它是刚刚发生的、现实生活中的问题，所以它与学生的生活世界有着密切的关系。对于这样的问题，学生自然地有话要说。果然，学生们就这个问题进行了讨论。学生们热烈的讨论，使得课堂教学有了美丽的动态生成。

第二，请同学们继续讨论怎么用断掉的量角器来量钝角。案例中，学生们就教师提出的问题，各抒己见。但对如何用断掉的量角器来量钝角，提出了质疑。针对学生提出的疑问，教师又适时地提出了讨论的议题，即"怎么解决这个矛盾"。教师提出的这一讨论主题，促使学生们更加深入地开动脑筋。在讨论的组织形式上，教师可以让学生分小组讨论，以便聚集小组的智慧来解决问题。果然，通过讨论，学生们提出了切实可行的解决方法，而且这些方法又是不尽相同的。如此，学生对"角的度量"这一知识点的理解，肯定比原先按部就班地教学更加深刻，而对这一知识的掌握，也应该会更加地牢固。

总之，案例44.1中，教师把偶然发生的事件，与正在进行的教学联系起来，通过自己的二次加工和开发，巧妙地把偶发事件嵌入课堂教学之中。教师这样的课堂管理，既解决了学生量角器断裂带来的问题，又推动了课堂教学走向生动和深入。因而，这位教师如此的课堂管理，无疑是非常高明的。

对于学生引起的破坏不大的课堂偶发事件，很多有智慧的教师，都采取了积极应对并加以利用的管理方式。下面我们将结合案例44.2，再作一些具体的分析和讨论。

案例44.2 不一样的温度

在学生分组实验利用温度计测教室里的气温这一实验中，大部分小组测得的数据基本在29℃左右。这时,一学生举手发言:"我测得的怎么是20℃?"其他同学都认为他测错了。可那位同学始终坚持认为自己并没有测错。我首先表扬了那位同学尊重事实、敢于说出不同意见的科学态度,然后把他的温度计拿到讲台上,我仔细观察了一下,发现数据确实没有错,这是怎么回事呢?

我把问题抛给了大家,马上有同学说一定是温度计有问题。"怎样判断温度计不准?"思考片刻后一学生举手发言:再找两支相同的温度计,总共三支温度计测同一杯水的温度,如果测得的结果只有一个,说明温度计是好的,但如果有两个结果,就说明刚才的温度计是有问题的。实验以后,结果确实如大家所猜想的一样。[1]

案例44.2中,一学生测得教室内的温度,与同学所测的温度差异较大。在该生举手发言后,同学们认为他测错了,而该生坚持认为自己没测错。对于这种情况,教师应该很快知道原因所在,也应该知道如何用简单的管理措施来平稳地处理。不过,案例中的教师却利用这一偶发事件深做文章,取得了较好的管理效应和教学效果。在课堂管理细节方面,案例中教师的几点做法值得我们学习。

第一,表扬学生敢于说出不同意见。案例中,一学生所测室温迥异于同学。对于这一测量结果,学生不仅有勇气举手发言,而且还能在同学质疑声中坚持自己的观点。虽然这位学生的举动在教师的教学预设之外,但该生的做法本身并没有过错,其尊重事实、敢于言说的品质也是值得肯定的。对于该生的做法,教师课堂管理的第一条措施,就是表扬了这位学生。教师的表扬与肯定,能充分保护和激励这位学生,并且能促进全班学生积极举手发言。

---

[1] 凌琳. 初中科学课堂偶发事件的成因与对策研究[J]. 学周刊, 2011, (6).

第二，让学生讨论解决问题的方案。案例中的教师在表扬学生之后，再观察了他的温度计，确认并没有把数据读错。这个时候，教师应该能确定是温度计出了问题。要解决这个问题，教师至少有两个选择：一是直接告诉学生原因所在；二是让学生自己思考，并提出解决问题的方案。案例中的教师选择了反诘学生，把问题抛给学生来思考。于是，教师先后提出了两个问题，即"这是怎么回事呢"和"怎样判断温度计不准"。果然，学生们通过自己的思考和讨论，提出了比较可行的方案。

第三，让学生通过实验来验证假设。既然是实验课，那么通过实验来验证假设，应该是理所当然之事。在学生提出用三支温度计，来测同一杯水的温度这一设想之后，案例中的教师就让学生动手，通过实验来验证假设。当然，实验的结果确实如学生所猜想的一样。至此，教师针对偶发事件的管理算是告一段落，教师在课堂管理上的灵活调控，也取得了相当好的效果。

点睛笔：

1. 在管理课堂偶发事件时，教师可以把偶然发生的事件，与正在进行的教学进行联系，通过自己的二次加工和开发，巧妙地把偶发事件嵌入课堂教学之中，从而推动课堂教学走向生动和深入。

2. 学生能在同学质疑声中坚持自己的观点，并没有任何过错，其尊重事实、敢于言说的品质，恰恰是值得肯定和鼓励的。

45. 黑板上的卡片掉了

课堂教学的正常实施需要排除外界的干扰，但与教学无关的外部环境刺激，还是有可能会在课堂中突然出现。当外在的刺激具有新异性、高强度等特点时，学生就容易受到这些无关刺激的影响，出现注意力不集中、无心听讲的情况，从而使得正常的课堂教学难以为继。遇到这样的情况，教师需要当机立断，立刻采取积极、有效的管理措施，促使课堂教学重新走上正常的轨道。

案例 45.1 老师，卡片掉了

一位低年级的语文老师在讲课，突然，粘在黑板上的词语卡片脱开了一角斜在那里，前排的一位小同学低声指出："老师，卡片掉了！"这位教师盯了他一眼，说："别管它！"只见这位"紧急报告者"情绪明显低落下来，再也未见他举手发言了。①

案例 45.1 中，粘在黑板上词语卡片的意外斜落，可能分散了一部分学生的注意力。对此，前排的一位学生善意地提醒教师，却遭到教师的无端指责。这位教师在课堂管理的细节上，至少存在着两点失误。

第一，盯了学生一眼。案例中的教师听到前排学生低声提醒卡片掉了

---

① 唐劲松. 教育机智漫谈 [M]. 广东：海天出版社，2002：172.

之后,他(她)的反应先是盯了那位学生一眼。"盯"是一种非言语信号,给人传递的一般是不满的信息。教师以盯人一眼来回应,反映了他(她)内心可能认为自己高学生一等,只需要照顾自己的想法,而不需要尊重学生,也不需要对学生有多少善意之举。实际上,假如教师心中真正有学生,真正把学生当作人格上平等的个体来对待,那么即便是学生犯了错误,也不见得就出现"盯"这个举动。在当时的课堂情境下,案例中教师盯人的动作是不妥当的。

第二,要求学生别管。面对学生的善意提醒,案例中的教师在盯了学生一眼之后,还对学生说"别管它"。我们可以想象一下,教师在盯学生之后的说话语气,必定是不怎么友善的。"别管它"虽然只有短短的三个字,但其中透露出来的信息却并不为少。一方面,反映出教师对课堂教学细节和课堂管理细节的漠视,表明教师没有清楚地认识到卡面的掉落,对学生的注意力和课堂教学效果产生的不良影响。另一方面,教师更加明确地表达了对学生提醒的不满,认为学生此举完全是多管闲事,是不认真听讲、注意力不集中的表现。果然,在教师的反馈之后,那位善意提醒的学生,出现了情绪低落、参与教学不积极的反应。

案例中教师的课堂管理措施无疑是失败的,是不值得提倡的。那么,对于这一件比较平常的偶发事件,教师应该如何来进行有效的课堂管理呢?教师可以这样说:"卡片坚持不住了,影响了我们的学习,但我相信每一个小朋友肯定能集中注意力,不会像卡片一样坚持不住。这位同学提醒了老师,非常好!"教师如果使用诸如此类的教学语言,那么不仅可以用幽默的方式巧妙地答复学生,还可以把偶发事件当成教学资源加以利用,起到集中学生注意力和调节课堂气氛的双重作用。

课堂教学中出现的无关外部刺激,不仅有来自教室之内的环境因素,也有来自教室之外的其他刺激。下面,我们将结合有关案例,再来分析一下有关课堂外部刺激对课堂秩序干扰的应急管理。

案例 45.2　教室外发生一声巨响

上课时，突然教室外发生一声巨响，学生们都向窗外望去。某老师平静地对学生说："同学们，我刚才讲到……"说完，停了几分钟，接着讲下去，学生又专心上课了。①

案例 45.2 中，教室外突然发生的巨响干扰了课堂教学，学生的注意力都被意料之外的巨响给吸引住了，他们的好奇心也被调动起来了。在这种情况下，课堂教学的进程被迫出现了短暂的停顿，教师需要采取有效的应急管理措施来应对。案案中，教师的课堂管理措施，可以从以下两方面进行分析。

第一，平静地对学生提出明确的任务要求。案例中，教室外面突然传来的巨响，不仅让学生受到了影响，教师必然也有所耳闻。当学生们不约而同地向窗外望去的时候，教师显然不能像学生那样恨不得马上去探究原因。因为教师有更重要的事情来做，他（她）必须果断地采取管理措施，使短暂中断的课堂教学继续进行下去。当看到学生把头转向窗外时，教师没有慌张，也没有发怒，而是平静对待，并且特意对学生提出了明确的任务要求，即"我刚才讲到……"。如此，学生的注意力就从无关的外界刺激，转移到与课堂教学有关的教学任务上了。

第二，停顿几分钟让学生思考，再接着讲课。案例中，针对学生被外界无关刺激影响的情况，教师明面上采取的管理措施是临时增加教学任务，实际上却能起到提醒学生回忆刚才教学内容的作用。这样的任务布置，成功地转移了学生的注意力。按理说，学生们一旦接受到新的教学任务，应该能够很快地安静下来，这个时候似乎达到了重整课堂秩序的目

---

① 刘义军. 课堂偶发事件的调控对策［J］. 中小学教师培训，2000，(8).

的，这样教师也就可以马上接着讲下去了。案例中的教师并没有这样做，而是停顿几分钟之后再接着讲课。教师的停顿表面上看上去浪费了几分钟的时间，但是，学生们却有了较为充裕的思考时间，能够真正做到内心的平静，以及把注意力重新集中到教学之上。从案例提供的信息来看，这一起外界无关刺激的风波，由于教师的管理措施得当，学生受到的影响很快地被消除了，而且，学生在接下来的教学中做到更专心听讲了。

在上课过程中，教室外面传来过大的声响，有的时候会很快过去，有的时候则会持续一段时间。案例45.2描述的事件应该属于前一种，而下面要讨论的案例45.3则属于后一种情况。

案例45.3　工地上传来的拖拉机噪音

一位小学数学教师正在讲关于质数与合数的基本概念，突然，教室外基建工地传来"嘭、嘭、嘭"的拖拉机发动声，而且这声音还一直持续，使教学无法进行，学生也烦躁不安，张望窗外。这时，教师灵机一动，大声讲道："现在大家开始数数，看拖拉机的响声有几下，然后回答你数的是质数还是合数。"①

案例45.3中，教室外面传来的拖拉机发动声，给课堂教学带来了干扰的噪音，而且这一噪音大有持续一段时间的势头。听到这样的声音，学生们已经心情烦躁，无心听课，注意力被窗外的声音所干扰。在这种情况下，课堂教学已经受到了很大的影响。如果这时教师只是要求学生认真听讲，甚至强制性地命令学生集中注意力，再按照原先的教学预设来开展教学活动，那么可以推测得到的是，教学效果定然大打折扣，而且学生内心还会产生抵制教师的情绪。

案例中的教师没有采取这一做法，而是灵活将教学目标与偶发事件中

---

① 周旺平. 课堂偶发事件的处理艺术［J］. 教学与管理，2003，(3).

的有效成分结合，提出了新的教学任务，即让学生数拖拉机的响声次数，然后回答所数数量是质数还是合数。教师在课堂管理上的因势利导，不仅顺应了孩子们好奇和易受外界干扰的心理特点，更是做到了课堂管理与推进教学活动的巧妙结合。

总之，在课堂教学过程中，教室内外都有可能发生由于环境问题造成的偶发性干扰事件。无论是教室内的教学设备出现临时性故障，或者出现其他的问题，还是教室外部的环境带来噪音等干扰，教师都应依据课堂教学的具体情况，沉着应对，冷静处理，争取在短时间内妥善解决问题，及时调整好学生的学习状态，保证课堂教学的正常开展。

点睛笔：

1. 当与教学无关的外部环境刺激影响到课堂教学时，教师应该当机立断，立刻采取积极、有效的管理措施，促使课堂教学重新走上正常的轨道。

2. 假如教师心中真正有学生，真正把学生当作人格上平等的个体来对待，那么即便是学生犯了错误，也不能出现"叮"这个举动。

3. 针对学生被外界无关刺激影响的情况，教师采用临时增加教学任务的办法，表面上看上去偏离了预设的教学方案，暗中却起到提醒学生回忆刚才教学内容的作用。

4. 如果教师只是要求学生认真听讲，甚至强制性地命令学生集中注意力，再按照原先的教学预设来开展教学活动，那么教学效果定然大打折扣，而且学生内心还会产生抵制情绪。

46. 我一时疏忽说错了

在课堂教学中，教师有时会无意识地出现一些认知或其他方面的错误。这些错误的出现，应该都在教师的意料之外。在特定的情境中，教师可能连自己都没意识到讲错了。当教师的错误被学生指出来之后，课堂偶发事件就发生了。面对自己的错误突然被学生"纠"出来这样的意外事件，教师应该采取什么样的应急管理措施呢？

案例46.1 老师，您错了

北京特级教师宁鸿彬在教《分马》一课时，一个学生提出："我认为《分马》这个标题不恰当。"宁老师问他为什么，学生说："你想啊！白大嫂子分的不是马，是骡子；老初头分的也不是马是牛；李毛驴分的也不是马，他拉走了两头毛驴。明明牛马驴骡全有，题目却叫《分马》，不恰当。"

宁老师请他重新给这篇课文拟个标题，这个学生说："分牲口。"宁老师鼓励并表扬了这个学生，说："《分马》是著名作家周立波的作品，你敢于向名家挑战，值得表扬。"

话音刚落，又一个学生站起来说："老师，您错了！课文注解1写着呢，本文标题是编者加的。他不是向作者周立波挑战，而是向编者挑战。"这个学生指出了老师的失误，宁老师不仅欣然接受，而且表扬这个学生说："很好！我一时疏忽，说错了，你马上给我指出来，非常好！从这一段时间看，你们一不迷信名家，二不迷信编者，三不迷信老师，这是值得称赞的。"①

在案例46.1中，有学生对课文《分马》这一标题提出了质疑，在宁老师的要求下还重新给课文拟了个题目。宁老师对学生的表现进行了表扬，不过，在点评学生时犯了一个认知错误，而且这个错误被一个细心的学生指了出来。难能可贵的是，宁老师并没有认为这是学生扫他的面子，而是欣然接受了学生的意见，并且还表扬了指出他错误的学生。在课堂管理方面，我们可以注意以下几处细节。

第一，询问学生为什么《分马》这一标题不恰当。案例中，学生突然提出课文《分马》不恰当。学生的这一提问应该在教师意料之外，并不是教师教学预设中的内容。对此，教师不仅没有责怪学生胡思乱想，反而特意询问学生原因。教师显然清楚地知道，学生提出这个疑问，自然有其理由，而且学生的质疑，也会引起同学们的注意和思考。在这个时候，教师直接询问学生认为标题不恰当的理由，是符合大家期盼的，是能调动全体学生学习积极性的。果然，学生的回答有一定的道理——明明分的不仅仅是马，也有牛，也有驴，还有骡，题目却叫《分马》。

第二，请学生重新拟标题，并表扬了学生。既然学生已经证明了《分马》这一标题确实不恰当，那么教师的追问似乎可以马上收场了，毕竟还要留下足够的时间，来完成剩下的教学任务。案例中的宁老师，没有停止对这一课堂偶发事件的利用，而是不失时机地要求学生重新给这篇课文拟个标题。这位学生也不负所望，提出了《分牲口》这一标题。对于学生善于思考、敢于发言的行为表现，尤其是学生"敢于向名家挑战"，宁老师给予了鼓励和表扬。

---

① 高培权.转变教育观念培养创新人才[EB/OL]. http://www.huanggao.com/teacherc/jyjl/03190005.htm.

第三，欣然接受学生指出的错误，并肯定学生的优点。案例中，宁老师刚刚表扬好那位"敢于向名家挑战"的学生，突然有一位学生站起来提出质疑，而且是直接对教师的观点提出反对意见。当然，这位学生说教师错误的理由是充分的，是以课文的注解1为依据的。对于学生指出自己的认识错误，宁老师不仅没有恼羞成怒，反而是欣然接受，并且表扬了这个学生。在表扬这个学生的基础上，宁老师借此机会对全班学生进行了表扬，并对表扬的原因作出了说明，即"一不迷信名家，二不迷信编者，三不迷信老师"。宁老师如此的课堂管理方式，实际上鼓励了学生怀疑、挑战权威的做法，这有利于培养学生的批判性思维。

课堂教学中，教师的错误被学生"无情"地指认出来，对很多教师来讲是一次不小的挑战。下面，我们将结合案例46.2，对类似情境下的课堂应急管理，再作一点具体的分析。

案例 46.2　我只是为了考查你们

暑假过后学校又开学了。十年级的同学们集中在自己的教室里，老师在黑板上写说明。教室里有点紧张，有点"第一天"的焦虑感。拉里向他的新老师提了一个问题："'occuring'这个单词是不是有两个'r'？"他指着黑板上的字问。

老师看起来有点困惑，过了一会儿说："你是对的。"接着她狡黠地笑了笑说，"只是为了考查你们一下"。

可是拉里却不够宽容，"今年你准备教我们拼写吗？"就好像是说，"你究竟是哪方面的语言教师？"然后，他看起来有点为自己的傲慢感到吃惊。有几个小家伙已经开始窃笑了。

然而，老师却安之若素地反击了，"噢，我本想把这个秘密保守得稍微长点，但现在只好坦白了：我并不完善！但这肯定不能阻止我期望你们所有的人完美无缺。"①

案例46.2中,学生指出了教师拼写单词的一个错误。在经过短暂的困惑后,教师机智地称赞学生的发言,并说明这"只是为了考查你们一下"。不过,不够宽容的学生却继续挑战教师的权威。面对这种情况,教师用巧妙的言语,进行了有效的"反击"。在课堂管理方面,我们需要注意以下几处细节。

第一,间接承认自己的错误。案例中,十年级的学生集中在教室里,教师在黑板上写说明。这时,学生拉里指着黑板上的单词,向教师提出一个问题,即"'occuring'这个单词是不是有两个'r'"。学生虽然没有直接说"老师,你错了",但这个意思实际上隐含他的话语之中。面对学生的质疑,教师没有马上反应过来,而是困惑了一点时间,这说明这个错误是她无意识犯下的,被学生指出错误也在她的意料之外。想了一会儿了,教师还是说"你是对的"。教师虽然没有直接说自己是错的,但也以间接的方式承认自己写错了,尽管这样的承认错误不够彻底,略有点苍白。

第二,解释自己出错的原因。案例中的教师虽然间接承认了自己的错误,但可能出于维护教师权威的考虑,似乎有点不情愿把自己的错误暴露在学生面前。于是,她设法解释了出错的原因,那就是"只是为了考查你们一下"。从实际成效来看,教师的解释有点画蛇添足,不仅没有起到预想的作用,反而起到了反作用。尽管教师在说"只是为了考查你们一下"这句话之前,狡黠地笑了笑,尽力地给这句话增加可信度,但学生拉里却一点也不买账。

第三,再次坦言自己的不足。案例中,在教师解释之后,学生拉里继续向教师发问,"今年你准备教我们拼写吗?"学生这么说似乎有点不依不

---

① [加]范梅南. 教学机智:教育智慧的意蕴[M]. 李树英译. 北京:教育科学出版社,2001:263.

饶的味道，而在学生紧紧的追问之下，教师并没有恼怒，而是坦白地说："我并不完善！但这肯定不能阻止我期望你们所有的人完美无缺。"这样一来，在原来的基础上，教师既进一步承认了自己的不完善，而且又做到了让学生把关注的重点，从对教师犯的错误本身，转移到教师提出的期待上，即期望所有的学生完美无缺。

总之，对于学生指出自己无意出现的错误，教师应该坦然一点，主动承认，并积极与学生共同解决问题。如果可以轻松自如地承认自己的未知领域，这不但有助于教师的身心健康，也有利于学生的发展。承认自己的未知并非难堪的事，事实上，这本身也是一种学习。例如，当学生提了一个教师回答不出的问题，教师应该把了解的东西和盘托出，在和学生的不断交流中，一些不经意的信息也许有助于找到答案。[1] 换一个角度看，教师如此进行课堂管理，也是把自己出现的错误，当作课堂教学资源来使用，把自己的错误变成支持课堂教学的因素，并使自己的教学起到较好的效果。

> **点睛笔：**
>
> 1. 课堂教学中，学生提出疑问，自然有其理由，而且学生的质疑，也会引起同学们的注意和思考。在这个时候，教师直接询问学生质疑的理由，是符合大家期盼的，是能调动全体学生学习积极性的。
>
> 2. 对于学生指出自己无意出现的错误，教师应该坦然一点，欣然接受学生的意见，主动承认自己的错误，并积极与学生共同解决问题。

---

[1] ［美］里德利，沃尔瑟. 自主课堂：积极的课堂环境的作用［M］. 沈湘秦译. 北京：中国轻工业出版社，2001：30.

47. 老师刚才讲得对吗

在课堂教学中，教师难免会出现一些口误和笔误。假如教师无意间出现的错误，师生双方都没有及时地任何察觉，那么自然就不会发生课堂偶发事件。假如这些错误被学生发现而指出来，那么就很有可能发生课堂偶发事件；如果教师先于学生发现并主动加以利用，那么也就有可能发生与寻常意义不一样的课堂偶发事件。前面我们已经讨论过学生指出教师错误而引起偶发事件的课堂管理，在这里，我们将继续讨论教师发现自己错误而诱发的课堂偶发事件的应急管理。

案例47.1　主动让学生找老师的错误

有一位政治教师误把"事物是普遍联系的"表述成"世界上任何两个事物都是有联系的"。碍于面子，将错就错，不加纠正，肯定对学生的学习不利，也是课堂教学不允许的，如果实话实说，学生有可能对教师有看法。这位教师及时发现自己出现了口误，但学生却没有发现，这时他就对学生说："你们好好想一想，老师刚才讲得对吗？能不能把事物的普遍联系，理解成任何两个事物之间都有联系呢？"听了教师的提醒，学生开始重新审视和思考，并发现错误，然后教师进一步阐述了"事物是普遍联系的"这一原理。这样一来，反而加强了学生对这部分知识的理解和掌握。[①]

---

① 张锐.课堂偶发事件处理方式例谈［J］.天津市教科院学报，2006，(6).

案例47.1中，教师在讲解知识点时出现了失误，并且及时地发现了自己的错误。面对自己无心犯的口头失误，教师面临着两难选择：如果实话实说，承认自己犯的"低级错误"，可能会让自己觉得有点尴尬，还有可能会影响学生对自己的评价；如果为了保全所谓的面子，把失误一笔带过，不加纠正，可能会影响学生的认知，同时也有悖于教学要求。或许在略带紧张和为难的心情下，案例中的教师特意要求学生寻找老师刚才所讲内容的问题。在课堂管理的细节上，这位教师有以下两点做法，值得我们学习借鉴。

第一，让学生想一想老师刚才讲的内容是否存在问题。案例中，政治教师把"事物是普遍联系的"表述成"世界上任何两个事物都是有联系的"，显而易见是不妥当的，是错误的。教师在讲完这一内容之后，及时发现了自己的口误。针对这一问题，教师对学生提了两个相关的问题。一是"老师刚才讲得对吗"，二是"能不能把事物的普遍联系，理解成任何两个事物之间都有联系"。案例中教师利用自己出错这一偶发事件，给学生提出了回顾、思考、评判知识点的任务，而且这是学生感兴趣的任务，即判断一下教师讲得对不对。而在课堂教学中，学生常常是被动的听讲者，对知识的接收远远多于对知识的思考。教师这样的管理措施，不仅可以回避由自己直接承认错误带来的尴尬，也能够给学生创造一个主动思考的机会。

当然，教师的做法也有一点可以商榷的地方，即第2个问题似乎没有必要提出来。在这里，教师要相信学生的能力，相信学生能自己发现问题所在。教师直接指出问题所在，虽然可以让学生们的思考在一开始就聚焦，但这却是以限制学生的思考为代价的。即便是学生一时找不到问题所在，教师也可以在适当的时机通过提示的方法，帮助学生寻找问题出在哪里。

第二，进一步阐述了"事物是普遍联系的"这一原理。案例中的学生在教师的要求和提醒之下，重新回顾了刚才所学内容，特别是对教师所讲内容进行了思考和评判。然后，学生围绕"事物是普遍联系的"这一知识点进行了集中的发言和讨论，并且对教师刚才讲解存在的问题进行了重点分析。教师在学生思考和讨论的基础上，修正了原先不恰当的表述，进一步阐述了"事物是普遍联系的"这一原理的涵义。至此，教师通过让学生帮老师寻找错误的管理措施，创造了学生充分思考和师生之间有效互动的条件，这样，学生对这部分知识的理解肯定会更加深刻，对知识点的掌握也必定会更加牢固。

总之，在课堂教学中，教师出现教学错误是在所难免的。不管是教师的错误被学生指出来，还是教师自己发现了失误，教师都可以发动学生共同探讨问题，更正教学错误，管理好这一类课堂偶发事件。下面，我们将结合案例分析，继续讨论类似偶发事件的课堂管理。

案例47.2　看谁能发现老师推导的错误

一位教师利用发现法教《圆的面积》时，让学生拼摆事先准备好的学习材料。有的学生把圆拼成了梯形、三角形。照理说，无论是拼成长方形、平行四边形，还是拼成梯形，都能顺利地推出圆的面积。但是，在由三角形推导圆面积的公式时，却出现了误差……教师意识到讲错了，可复查推导过程，未能查出。教师不仅没有发慌，反而灵机一动，若无其事地笑着对学生说："现在我要考考同学们的注意力，看谁能发现老师推导的错误。"全班学生思考着，检查着，纷纷地举起了手，很快把错误改正过来。[1]

在案例47.2中，教师意识到自己的讲解出现了错误，但是自己却未能

---

[1] 张宝安. 课堂偶发事件处理七法 [J]. 教学与管理，2006，(9).

检查错在哪里。机智的教师不慌不忙地请学生帮忙寻找错误。在全班学生共同努力下，很快地把教师的错误改了过来。在这个过程中，教师的课堂管理做法可分解为以下三点。

首先，在非言语行为上，脸上出现了"笑容"，还表现出"若无其事"的样子。教师在讲解由三角形推导圆面积的公式时，意外地出现了错误。好在教师及时意识到自己的讲解出现了失误。教师原先的想法，或许是马上把正确的方法讲解一遍。但"一波未平，一波又起"，教师虽然复查了推导过程，却一时未能查出到底错在了哪里。不管是发现自己讲错了，还是对于新出现的问题，教师都没有表现出慌张的样子，而是"若无其事地笑着对学生"说话，这样就能让学生感到放松、轻松，避免因教师的出错，出现无谓的紧张。

其次，对学生提出了一个具有挑战性的任务，即让学生找出刚才由三角形推导圆面积公式的错误。值得一提的是，教师在提出这一任务要求时，还特意说了一句"现在我要考考同学们的注意力"。教师这么说，不仅提醒了学生接下来会有新的任务，而且对学生来说也是一个"考验"，如此就能起到调动学生积极性、提高学生注意力的作用。

最后，与全班学生共同思考和检查推导过程。根据教师临时布置的教学任务，全班学生都进入了思考的状态，共同寻找推导过程中存在的问题。学生们在有所发现之后，纷纷举手发表自己的看法。果然，"困扰"教师的问题很快地得到了解决。在这个过程中，相信教师也没有闲着，应该与学生共同思考、共同讨论，并且共同找到正确的推导公式。

点睛笔：

1. 教师如果为了保全所谓的面子，把自己的教学失误一笔带过，不加纠正，那么不仅会影响学生认知水平的提高，同时也有悖于教学的要求。

2. 在课堂教学中，教师假如能够利用自己出错这一偶发事件，给学生提出回顾、思考、评判知识点的任务，那么，不仅可以回避由自己直接承认错误带来的尴尬，也能够给学生创造一个主动思考的机会。

3. 教师直接指出问题的关键所在，虽然可以让学生们的思考在一开始就聚焦，但这却是以限制学生的思考为代价的。即便是学生一时找不到问题所在，教师也可以在适当的时机，通过提示的方法，帮助学生寻找问题出在哪里。

48. 我现在就改正过来

如果说教室是课堂教学的"主战场",那么三尺讲台无疑是教师施展才华的"主舞台"。以教书育人为天职的教师,对于自己的舞台——三尺讲台自然是非常熟悉的。但是,即便是在教师自以为熟悉不过的舞台上,还是会发生种种意想不到的特殊情况。有时,教师就是这些课堂偶发事件的尴尬主角,而且还有可能不知不觉中陷入狼狈不堪的境地。这个时候,教师应该采取什么样的课堂管理措施呢?下面,我们将结合两则教师扣错衣扣引发的课堂偶发事件,讨论一下教师仪态出现问题时需要注意的课堂管理细节。

案例 48.1 老师,您的衣服扣子

下午上第一节课,由于午睡过头,匆忙中我边穿衣服边走上讲堂。未等我开言,满堂笑声,几次制止无效,课也讲不下去。今天是怎么了?就在我满腹疑问的时候,第一排的一位同学说:"老师,您的衣服扣子……"

我低头一看,原来是衣扣严重错位,第一颗与第四颗结合,因而引起学生哄笑。我随即说:"这该死的扣子,在错误的时间,错误的场合进行了错误的结合。毛主席说过了错误不要紧,只要改了就好。我现在就把它改正过来。"通过自我解嘲,我摆脱了窘境和难堪。[①]

[①] 向红静. 处理课堂偶发事件的"五巧" [J]. 科学咨询(教育科研), 2009, (4).

案例48.1中，教师利用中午休息时间睡觉片刻，这本身并没有问题。但案例中教师行为的失当之处在于：一是缺乏较强的时间观念，出现午睡过头的状况，没有留出教学准备的时间。二是没有整理好自己的仪容，就匆匆忙忙地边穿衣服边去教室。实际上，教师在进入课堂之前，有些准备工作是必不可少的。假如教师不做任何准备，就踩着上课铃声匆忙进入教室，那不仅是对学生不尊重，也是对自己不负责任。果然，案例中午睡过头、匆忙走上讲台的教师，遇到了措手不及的问题——在教师开始正式讲课之前，学生就以满堂的笑声来迎接教师的到来。从案例的信息来分析，学生的笑声估计是此起彼伏，而且持续一段时间。学生游离于教学之外的笑声，显然严重影响了课堂教学的正常开展。在这个过程中，教师也采取了管理措施，即口头制止学生发笑，但效果却一点也不理想。几次反复以后，教师觉得课实在讲不下去了。

在教师看来，学生的发笑可能有点莫名其妙。教师自己也找不出学生一反常态的原因所在。好在有个学生好心地提醒满腹疑问的教师，注意一下自己的衣服扣子。于是，教师终于找到了学生哄笑不止的"罪魁祸首"，即严重错位的衣扣结合出现在自己的衣服上面。在这个时候，有的教师可能会愣在当场，尴尬得一时手脚无措，不知怎么办才好；有的教师可能会勃然大怒，呵斥学生"取笑"教师的行为；有的教师可能会立即把衣服扣子重新扣好，然后招呼学生认真听课。第一种管理方式会让学生看到教师的无助，影响教师的威信；第二种管理方式会让学生觉得教师无端批评自己，感觉教师的管理方式存在不公平，这同样影响教师的形象；第三种管理方式虽然看上去"轻描淡写"，但很难让学生把注意力很快转移到教学之上。

案例中的教师既没有恼羞成怒，也没有不知所措，而是以幽默的话语进行自我解嘲。教师说，"这该死的扣子，在错误的时间，错误的场合进行了错误的结合。毛主席说有了错误不要紧，只要改了就好。我现在就把它改正过来"。教师的话语主要有两层意思：第一，专门"批评"了学生关心的衣服扣子。教师发觉学生哄笑不止的关键点在于衣服扣子之后，就特意针对扣子讲了一句话。教师用了"三个错误"揭露了衣服扣子存在的问题。这样，教师就用幽默的自嘲，巧妙地把自己的错误"推到"衣服扣子上面。第二，表明立即把错误改正过来的态度。"人非圣贤，孰能无过。"教师面对自己的错误，不加掩饰地坦然承认，并且表明了犯了错误要改正的态度和决心。教师如此的课堂管理方式，不仅摆脱了窘境和难堪，而且完全掌控了课堂局面，为课堂教学的正常推进创造了良好条件。

案例48.2 老师，你的扣子扣错了

一位数学教师走上讲台，同学们忽然大笑起来，他莫名其妙，后来坐在前面的一位女生小声地对他说："老师，你的扣子扣错了。"这时，这位教师自己一打量，发现第四颗扣子扣到第五个扣眼里，然而这位教师却煞有其事地说："老师想心事了，匆匆忙忙赶来与你们相会，不过，这也没什么好笑的。昨天我们有的同学做练习，运用算术公式就是这样张冠李戴的，应该改过来。"边说边把扣子改过来扣好了。[①]

案例48.2中，走上讲台的教师突然遇到了学生们的大笑。感到莫名其妙的教师在学生小声提醒下，明白了事情的原委——问题出在扣错了的衣服扣子上。教师遭遇到这种失态的情况，既没有通过批评学生来掩饰自己的尴尬，也没有当作没事发生一样，只是轻描淡写地把扣子扣好，并且以轻松幽默的自嘲方式进行课堂管理。教师的表述包含了以下三层意思。

第一，解释扣子扣错的原因。对于衣服扣子扣错这一问题，教师的理由是：其一，想心事了；其二，匆匆忙忙赶来与大家相会。在这里，教师

[①] 周旺平. 课堂偶发事件的处理艺术 [J]. 教学与管理，2003，(3).

承认自己想事情太投入了，以至于没有时间做好课前准备，只得匆匆忙忙来到教室上课。应该说，教师说的理由基本上是符合实际的，是能够被学生认可和接受的。

第二，说明并不好笑的理由。对于学生忽然大笑这一现象，教师的看法是这件事并不好笑，其理由是"昨天我们有的同学做练习，运用算术公式就是这样张冠李戴的"。在这里，教师借学生做作业时的粗心大意，来类比自己衣服扣子的张冠李戴。这样一说，应该可以转移学生的一部分注意力，降低学生对教师失态的关注度。

第三，表明应该改正的观点。对于自己在教学仪态上存在的问题，教师立场鲜明地表达了应该改正的态度。实际上，教师说的改正是一语双关的，不仅指自己教学仪态的问题需要改正，也对学生不认真做作业的毛病提出了改正的建议。至此，教师用"声东击西"的策略，既有效地避免了自己的窘迫，又不失时机地教育批评了学生，同时还使课堂教学重新走上了正常的轨道。

总之，案例中教师在课堂偶发事件管理方面，整体上是成功的，而且也有颇具匠心的地方，但美中不足的是：其一，教师没有专门直接承认自己的错误，也没有就自己的失误向学生表达歉意。其二，个别话语表述不够准确，主要是"这也没什么好笑的"这句话，或许说诸如"这也没什么大不了的""这不值得大惊小怪"之类的话更加合适。

总之，在课堂教学中，教师的仪态偶尔会出现令人尴尬的情况，并由此而引发课堂偶发事件。案例48.1和案例48.2中的教师，都是由于没有扣好衣服扣子，造成了课堂秩序的混乱，好在教师非常艺术地进行了课堂管理。接下来我们将结合案例48.3，继续讨论有关课堂偶发事件的应急管理。

案例 48.3　一脚踩空之后

我在一个班上课,由于板书内容多,粉笔字写到了黑板的边缘。为了不遮挡学生看黑板,我边写边退让。结果一脚踩空,摔了一个仰翻叉。教室里顿时哄笑声、惊叫声、议论声一片,秩序相当混乱。

在学生的搀扶下,我艰难地站起来,拍了拍满身的灰尘说:"前途是光明的,道路是曲折的。在人生漫长的旅程中,摔跤是难免的。摔跤并不可怕,要紧的是在哪里跌倒了就要在哪里爬起来。大家说是不是呀?"

"是。"学生们齐声回答。

一场摔跤风波就这样平息了。[①]

案例 48.3 中,教师在写板书的过程中,不小心一脚踩空,摔倒在地。教师的意外摔倒,引发了学生的哄笑和惊叫,使得课堂秩序一片混乱。尽管在学生搀扶下,教师很快地站了起来,但这改变不了课堂教学被迫中断、教师自身陷入尴尬的境地。面对这一偶发事件,教师先是拍了拍满身的灰尘,在稍加整理仪容之后,用充满机智的言语进行了课堂管理。教师层层递进的话语,主要表达了以下两层意思。

第一,说明在人生旅程中摔跤是难免的。教师在表述时,先对自己摔跤的性质进行了定位。教师说:"前途是光明的,道路是曲折的。在人生漫长的旅程中,摔跤是难免的。"教师的言外之意是,自己上课时的意外"失足",相对于漫长的人生旅程,显得多么的微不足道。如此,学生会觉得教师的偶然摔倒,并不值得大惊小怪,也不应该取笑和议论。

第二,强调在哪里跌倒就从哪里爬起来。教师在接下来的表述中,强调了对待摔跤的态度和后续做法。教师认为,"摔跤并不可怕,要紧的是在哪里跌倒了就要在哪里爬起来"。在这里,教师强调的是:摔跤有其客

[①] 向红静. 处理课堂偶发事件的"五巧" [J]. 科学咨询(教育科研),2009,(4).

观原因，既在所难免，也不可怕，重要的是，对待摔跤的态度要端正，改进的行动要坚决。在表述完自己的主要观点之后，教师与全体学生进行了一次互动性问答。这样的管理措施，不仅平息了摔跤风波，而且还借机教育了全体学生。

无疑，教师的课堂管理方式是机智的，是充满智慧的。当然，这也未必是唯一的、最优的管理方式，毕竟还有其他可替代的方案。比如，教师可以表扬一下主动来搀扶的学生，充分利用真实发生的新鲜事例，借机教育学生人与人之间要相互关心等等。

点睛笔：

1. 教师面对自己的教学失误，要做到不加掩饰地坦然承认，并且表明改正的态度和决心。这样做，有助于摆脱窘境和难堪，重新掌控课堂局面，从而为课堂教学的正常推进创造良好条件。

2. 对于在教学仪态上存在的问题，教师应该立场鲜明地表达应该改正的态度。案例48.2中，教师说的改正是一语双关的，不仅指自己教学仪态的问题需要改正，也对学生不认真做作业的毛病提出了改正的建议。如此，既有效地避免了自己的窘迫，又不失时机地教育批评了学生，同时还使课堂教学重新走上了正常的轨道。

49. 等学完课文再讨论

课堂教学中，学生很有可能对教学内容提出疑问。当学生的发言在教师的教学预设之外，而又引起大家关注的时候，也就可以认为发生了课堂偶发事件。需要注意的是，引发这一类型课堂偶发事件的学生，其主动发言或被动回应教师的回答行为，一般都不是故意破坏课堂教学秩序，反而是积极参与课堂教学的表现。那么，在这种情况下，教师应该如何开展课堂管理？又需要注意哪些方面的细节和问题呢？

案例 49.1　"深情"是什么意思

阶梯教室里，座无虚席，老师们正听特级教师于老师执教的《马背上的小红军》。课文第一段是这样写的："陈赓同志回顾自己革命经历的时候，曾经深情地谈起这样一件往事。"一个学生刚朗读完第一段，他的同座站起来问："于老师，深情是什么意思？"这一课于老师上过好几次，从来没有人提过这个问题，他备课时也从未考虑过。

这里的"深情"显然不是仅就字面解释为"满怀深厚的感情"，这个情是很复杂的，在学生没有读懂全文之前，即使老师把自己的体会讲出来，学生也很难理解。

全体听课的老师都望着他，看看特级教师如何处理这个问题。他首先肯定这个问题提得好，说明这位同学读书动脑子了，然后说："等学完课文咱们再讨论这个问题，我想提问题的这位同学一定会自己找到答案。"

课文学完了,他请提问题的同学说说对"深情"的理解,她是这样说的:"陈赓感到不该轻信小红军的话,他看到小鬼的干粮袋里装的是一块烧得发黑的猪膝骨时,他后悔极了,感到对不起这位小红军。"

"不错,这个'情'里,有后悔之情。"

她接着说:"小红军宁肯牺牲自己也不愿拖累别人,他这种精神,陈赓每次谈到的时候都很敬佩。"

又有一个学生站起来补充道:"这里还有赞美的意思。"于老师最后作了一下小结:"这个'深情',有后悔之情,有责备自己之情,有敬佩之情,有赞美之情,当然,还有怀念之情。陈赓每次说到这件事的时候,总是怀着这样复杂的感情。所有这些,同学们都通过读课文体会出来了,古人说'书读百遍,其义自见'是很有道理的。"[①]

在案例49.1中,于老师课堂管理的高明之处在于,没有简单地打发学生提出的、一个看似对教学目标无关紧要的问题,而是巧妙地将这位学生的提问,作为大家共同思考的问题,并让所有的学生都带着这么一个问题来学习课文。在学完课文之后,于老师又引发全体学生讨论这个问题,在此基础上,他对这个问题进行了总结。梳理于老师的课堂管理过程,有以下几点值得我们学习借鉴。

第一,肯定提问的学生读书动脑子。案例中,有一个学生没有举手,也未经教师许可,就突然站起来问老师"深情"一词的含义。学生如此的表现,显然在教师的意料之外——教师既没有遇到过类似的情况,也没有在备课时考虑过。对于贸然发问的学生,教师没有生气发火、横加指责,也没有惊慌发愣、手脚无措。当然,对于这样的偶发事件,教师必然要立刻采取措施,进行有针对性的课堂管理。案例中的教师首先肯定学生的问

---

① 唐劲松. 教育机智漫谈 [M]. 广东:海天出版社,2002:178.

题提得好，并且还表扬了这个学生读书动脑子。教师的这一举措，不仅较为客观地评价了提问的学生，对其认真思考、积极提问的行为进行了表扬，也有利于激励其他学生认真学习和主动发言。

第二，要求学生学完课文后再自己找答案。案例中，教师肯定和表扬学生，固然是比较高明的一招，但这并不能代替回应学生的提问。对于学生的问题，教师可以选择马上回答。不过，"深情"一词的含义却相当复杂，远不是三言两语能说清楚的。在学生没有理解之前，教师即便说出自己的体会，学生也不见得能够明白。对于这种情况，教师显得胸有成竹，他非常自然地说道，"等学完课文咱们再讨论这个问题，我想提问题的这位同学一定会自己找到答案"。这样，教师就把学生提出的问题，巧妙地转化成全班共同的教学任务，而且是大家都有一定兴趣的任务，尤其是对那位提问的学生来说。

第三，最后对"深情"一词的含义进行小结。案例中，在课文学完之后，于老师及时地请提问题的那位学生发言，谈谈自己现在的理解。果然，当那位学生在带着问题学习之后，对最初的问题有了自己的理解。在她发表自己观点之后，又有一位学生站起来作了补充发言。两位学生的发言，都部分地回答了"深情"一词的含义，但还是不够完整，此时学生们还不清楚较为完整、准确的答案。在这个时候，于老师适时地作了一下小结。于老师在总结答案的同时，还不忘对学生通过自己读书来体会文义进行了肯定。

可以说，在管理课堂偶发事件的过程中，于老师敏锐地捕捉住了学生提出的问题这一隐性资源，并以此为契机，调整自己的教学设计，从而使学生学习的注意力更加集中，学习的兴趣得到提高，并引导学生通过思考和讨论，让他们对这篇课文留下更为深刻的印象。假如于老师一开始对学生提问进行解释，那么就会在无形中错失这一隐性资源，相应的，课堂教学也会因此黯然失色。

总之，案例49.1中，教师的课堂管理方式是比较高明的。下面，我们结合一则同样是由学生突然发言引发的课堂偶发事件，探讨一下案例49.2中教师在课堂管理上的若干问题。

案例49.2 如果地球突然停住不转

一堂初中物理课上，王老师花了很长时间讲"惯性"的概念，让学生在书本上画出来，然后要求默诵。几分钟后，他开始提问："什么叫惯性？"学生们大多紧张起来，只有一两个人举手。这时，一个平时颇让老师"头痛"的学生却高举起手，老师叫他"说说看"。

不料这个学生站起来大声说道："老师，我想问问，如果地球突然停住不转，地球上将出现什么情况"。这一问，课堂气氛顿时活跃起来，学生们交头接耳，纷纷议论。这位老师一时语塞，脸上颇为尴尬，便板着脸高声呵斥："谁问你这个了。我叫你背诵'惯性'，上课为啥不专心听讲……"①

在案例49.2中，王老师可能认为这个提问的学生，提出了与他教学内容无关的问题，破坏了正常的课堂教学秩序，因而对该学生进行了训斥。很显然，在课堂管理的过程中，王老师没有用"资源"的眼光来看待这个学生的提问，也没有细细思考该学生提出的问题，能否为教学目标所用。从课堂管理的细节来看，需要引起我们注意的地方，至少有以下两处。

第一，一时语塞，脸上表现出颇为尴尬的样子。案例中，教师让学生回答"什么叫惯性"，不过只有一两个学生举手，这时有一个平时令老师"头痛"的学生，高举起手，表现十分积极。"无奈"之下，教师只好叫那位学生"说说看"。出乎教师意料的是，那位学生并没有回答刚才的问题，

---

① 高培权. 转变教育观念培养创新人才 [EB/OL]. http://www.huanggao.com/teacherc/jyjl/03190005.htm.

而是趁这个机会提了一个新的问题。学生问的问题是，"如果地球突然停住不转，地球上将出现什么情况?"一般来说，这个问题应该是多数学生感兴趣的问题，对此，教师可以组织学生围绕这一问题，开展小范围的讨论。而案例中的教师对这一问题似乎毫无准备，对于学生在教学预设之外的举动，也没有多少心理准备，教师的外在反应是一时语塞，脸上颇为尴尬。教师这样的反应，不仅给学生们留下了缺乏机智的不好印象，也无助于课堂偶发事件的有效管理。

第二，板着脸高声呵斥积极思考并发言的学生。案例中，教师在一时语塞之后，竟然无视学生们对"如果地球突然停住不转，将出现什么情况"这一问题的兴趣，也无视已经活跃起来的课堂气氛，就简单、粗暴地板着脸高声呵斥提问的学生。在批评的过程中，教师把学生创造性的发言，说成是"答非所问"；把学生的积极开动脑筋，说成是"上课不专心听讲"。如此，教师就用批评学生的方式，来掩盖自己应急管理能力弱的事实。教师这样做，除了引起学生的反感以外，似乎很难起到任何积极的作用。

实际上，教师即便一时想不到合适的答案，也不应该有这样的表现。教师可以组织学生当堂讨论，共同探讨这一问题的答案；如果上课时间比较紧张，教师也可以让学生下课后自学，并利用下节课的时间进行交流。

点睛笔：

　　1. 在学生没有理解之前，教师即便说出自己的体会，学生也不见得能够明白。对于这种情况，教师可以把学生提出的问题，设法转化成全班共同的教学任务，而且是大家都有一定兴趣的任务。

　　2. 在管理课堂偶发事件的过程中，教师要敏锐地捕捉学生提问背后的隐性资源，并以此为契机，调整自己的教学设计，从而使学生学习的注意力更加集中，学习的兴趣更加高涨。

　　3. 假如教师把学生创造性的发言说成是"答非所问"，把学生的积极开动脑筋说成是"上课不专心听讲"，那么，除了引起学生的反感外，在课堂管理方面，也很难起到任何积极的作用。

50. 那你说，怎么编呀

课堂教学中，学生相对自由地进行提问或回答问题，是促进课堂动态生成的一个重要条件。但开放的课堂，意味着会增加由学生引发课堂偶发事件的概率。我们知道，学生出乎大家意料的提问，会引发课堂偶发事件，学生发表与众不同的观点，也有可能会引起课堂偶发事件。前面已经分析过前一种课堂偶发事件的管理细节，在这里我们将继续讨论后一种课堂偶发事件的管理细节，即探讨教师如何管理由学生突然间提问引发的课堂偶发事件。

案例 50.1　说说你的想法

"5的乘法口诀"课中，教师出示挂图：河里有5只船，每只船坐5个小朋友……教师刚要发问，突然，一个学生举手："5的乘法口诀，我会编。"

教师一怔：哦，她在迁移"2、3、4的乘法口诀"几节课的学法。"那你说，怎么编呀？"

该生伸出一只手："一五得五。"伸出两只手："二五得十。"（教师指导：二五一十）他又拉起同桌的一只手："三五十五。"拉起同桌的两只手："四五二十。"……

啊?！她"别出心裁"，没"按图索骥"。还不错！于是……①

案例50.1中，教师按照教学预设，按部就班地进行"5的乘法口诀"教学。孰料，正当教师准备提问的时候，有一个学生突然举手发言，说道"5的乘法口诀，我会编"。针对学生打乱教学部署的意外情况，教师因势利导地开展了课堂管理，在细节上有以下几处值得我们学习借鉴。

第一，耐心地询问学生怎么编。案例中，学生出乎教师意料地提出自己会编"5的乘法口诀"。对于这一意外的情况，教师的第一反应是"一怔"，说明教师对此确实没有多少思想准备。但教师很快地明白了学生的用意，即学生通过迁移"2、3、4的乘法口诀"的推导方法，试图把"5的乘法口诀"编出来。于是，教师即时地调整预设的教学方案，特意问学生"那你说，怎么编呀"。

第二，指导学生表述乘法口诀。案例中，随着教师的提问，学生开始编"5的乘法口诀"。只见学生一边用手来比划，一边口述"一五得五""二五得十"。对于学生表述的"二五得十"不够规范这一情况，教师进行了及时的指导，指出正确的表述是"二五一十"。根据案例中的文字描述，教师对学生的行为是持赞赏态度的，认为学生是"别出心裁"，是"还不错"的表现。我们可以想象的是，在学生口述"5的乘法口诀"之后，教师必定会继续调整后续教学方案，凭借灵活机变的课堂细节管理，使课堂教学在动态生成中呈现出更多的精彩。

总之，案例50.1中教师并没有把学生突然发言的意外情况，当作学生的有意"捣乱"，而是有针对性地进行了较为成功的课堂管理。下面，我们将结合案例50.2，继续讨论类似偶发事件课堂管理的细节。

---

① 严育洪. 这样教书不累人［M］. 北京：教育科学出版社，2009：71.

案例 50.2　说不定还是麻雀爷爷呢

一位教师执教《麻雀》一课。

教师问:"麻雀妈妈是怎样跟猎狗进行搏斗的?"

一个学生冷不丁地说:"老师,这只大麻雀不一定是妈妈,也许是它爸爸。"

教师猝不及防,愣了一下,然后顺着学生的思路问:"你是根据什么认为它是麻雀爸爸的?"

"因为书上没有说麻雀爸爸还是麻雀妈妈,我是猜的。"别的学生受到启发,思维开始活跃起来,有的说是妈妈,有的说是爸爸,争论个不停。

一个胖乎乎的小男孩不满地嚷道:"说不定还是麻雀爷爷呢!"教师一脸茫然,不知如何作答。①

案例 50.2 中,执教《麻雀》一课的教师按照教学设计进行提问。结果不待有学生主动回答,或是教师点名让学生回答,就有一个学生突然地发言。学生的发言不仅没有回答教师的问题,反而提出一个不同于教师的观点,实际上也是在质疑教师的看法。针对这一课堂偶发事件,教师也采取了管理措施,但效果似乎并不理想。从课堂管理细节的角度来看,我们可以重点分析讨论以下几点。

第一,愣了一下后再问学生。案例中,有一个学生冷不丁地说了句,"这只大麻雀不一定是妈妈,也许是它爸爸"。学生的发言显然在教师的意料之外,而且,教师对学生不合常规的发言,没有丝毫的心理准备,对于如何管理这一类型的课堂偶发事件,也缺乏基本的经验。于是,猝不及防的教师愣了一下。"愣"反映出教师的手脚无措,没有及时找到管理课堂偶发事件的好方法,也就是说没有做到胸有成竹。好在教师较快地调整了

---

①　王晓春. 课堂管理,会者不难 [M]. 北京:中国轻工业出版社,2010:166.

状态，较为机灵地顺着学生的思路，询问学生做出如此判断的依据。抛开其他来说，这一课堂管理措施是比较得当的，在一定程度上化被动为主动，既能倾听学生的理由，又能为后续的课堂管理和教学调整赢得时间。

第二，任由学生争论个不停。案例中，发言学生说出自己认定麻雀爸爸的依据只是凭借个人猜测，这一教师预料之外的答案，启发了其他学生的思路，促使他们思考和讨论那只大麻雀，到底是麻雀妈妈还是麻雀爸爸。学生们的思维很活跃，争论似乎也无停止的迹象。在这个时候，教师应该引导一下学生，除了讨论大麻雀的身份，还要给出相应的理由。教师还要组织好全班的交流，即让学生依次发言，表达自己的观点。然而，在学生讨论的过程中，案例中的教师却无故"缺席"了。

第三，一脸茫然，不知如何作答。案例中，当学生们为大麻雀是爸爸还是妈妈争论不停的时候，有个胖乎乎的小男孩，以不满的语气发表了自己的观点，他认为那只大麻雀，也有可能是麻雀爷爷。这个时候，学生们无组织的讨论似乎有点过头了，教师应该马上介入其中，做一下总结和过渡，以便继续开展下一步的教学活动。而案例中的教师，在课堂管理上却毫无得力举措，表现得一脸茫然，不知如何作答。

实际上，从案例50.2描述的情况来看，教师在学生们猜测那只大麻雀身份的时候，就应该做好两手准备。一是参与并引导学生的讨论，让学生说明做出自己判断的理由和根据；二是假如学生在课堂上说不出道道来，而且自己也缺乏相关的知识储备，那么，这个时候的教师应该给学生布置任务，建议学生下课后查资料，以待下节课再进行深入讨论和交流。

点睛笔：

1. 对于学生出乎自己意料的提问，教师可以根据情况，调整后续的教学方案，凭借灵活机变的课堂细节管理，使课堂教学在动态生成中呈现出更多的精彩。

2. 对学生不合常规的发言，教师不能没有丝毫的心理准备。否则，猝不及防的教师很有可能会愣在当场，表现出手脚无措的样子，让学生看到老师"胸无成竹"。

3. 在组织学生小组讨论的时候，教师应该引导学生围绕主题进行思考和交流，教师还有必要组织一下全班范围的交流活动，即让学生依次发言，表达自己的观点，然后自己再进行归纳总结。

附录一　本书案例索引

案例 1.1　创设良好的教室环境/3
案例 1.2　设计教室空间，呈现"游戏精神"/5
案例 2.1　教师轻问学生"准备好了吗"/9
案例 2.2　真没见过你们这样的学生/11
案例 3.1　小建同学使劲咽了两次口水/13
案例 3.2　故意写错的音乐家人名/16
案例 4.1　会"说笑话"的老师/18
案例 4.2　用笑话来帮学生了解西方文化/19
案例 5.1　特别的课堂任务/23
案例 6.1　让学生帮助管理课堂/28
案例 7.1　信息技术课的课堂怎么这么乱/36
案例 8.1　当课堂上传来了学生的说话声/41
案例 9.1　新物理老师与学生的约定/45

案例 10.1　开始上课的几分钟/50
案例 11.1　我没有在课堂上睡觉/56
案例 11.2　板凳上的钉子/59
案例 12.1　同样的坐姿不一样的对待/62
案例 12.2　没有一个学生没有才/64
案例 13.1　教室里的呼噜声和笑声/66
案例 13.2　你怎么又迟到了/68
案例 14.1　没有交流和反馈的课堂教学/71
案例 15.1　班里同学的抵触情绪增多了/75
案例 16.1　不断升级的课堂纪律问题/79
案例 17.1　让学生去校长办公室/84
案例 18.1　不守纪律就不讲故事/89
案例 19.1　从整队开始改变学生不守纪律/94
案例 20.1　"飞机"，胜过指导/98
案例 21.1　你能告诉我第二次警告后会怎样吗/102

案例22.1　把表扬送给一个特殊学生/107

案例23.1　说说追星的利与弊/111

案例24.1　学生帮助教师回忆/115

案例25.1　我感觉自己在公共汽车里/119

案例25.2　七七四十九/121

案例26.1　关注一个特殊学生/123

案例26.2　我与学生打个赌/125

案例27.1　忙乱的课堂/131

案例28.1　只关注少数学生的课堂提问/134

案例29.1　磁铁能否吸灰尘/139

案例29.2　仅仅是生活清苦吗/142

案例30.1　看来是作家写错了/146

案例30.2　给学生创造一些指错的机会/147

案例31.1　这是真的吗/151

案例31.2　这是个愚蠢的故事/154

案例32.1　"大不一样"还是"不大一样"/157

案例33.1　另外一个班也自修/160

案例34.1　四季是哪四个季节/163

案例34.2　玻璃杯中有一乒乓球/164

案例34.3　把一幅女巫图涂上橙色/166

案例35.1　教师话语中的口头禅/169

案例35.2　与教学无关的"指令"/171

案例36.1　复习一下重点句型吧/174

案例37.1　学生的抽屉里有只小猫/181

案例37.2　学生在课堂上发出猫叫声/184

案例38.1　学生赠送的特殊礼物/187

案例38.2　学生落座时发生的意外事件/190

案例39.1　学生当堂撕试卷/192

案例39.2　教师愤然离开课堂/195

案例39.3　我就不喜欢学/197

案例40.1　学生作业本上的气话/199

案例40.2　学生在课堂上被同学取笑/201

案例41.1　学生在上课前哭鼻子了/203

案例41.2　一封被曝光的示好信/206

案例42.1　突然爆炸的气球/209

案例42.2　学生小便引起的骚动/211

案例43.1　学生在上课时吐了一地/214

案例43.2　上课前的学生撞倒事件/217

案例44.1　学生的量角器坏了之后/219

案例44.2　不一样的温度/221

案例45.1　老师，卡片掉了/224

案例45.2　教室外发生一声巨响/226

案例45.3　工地上传来的拖拉机噪音/227

案例46.1　老师，您错了/229

案例46.2　我只是为了考察你们/231

案例 47.1　主动让学生找老师的错误/234

案例 47.2　看谁能发现老师推导的错误/236

案例 48.1　老师，您的衣服扣子/239

案例 48.2　老师，你的扣子扣错了/241

案例 48.3　一脚踩空之后/243

案例 49.1　"深情"是什么意思/245

案例 49.2　如果地球突然停住不转/248

案例 50.1　说说你的想法/251

案例 50.2　说不定还是麻雀爷爷呢/253

附录二　本书相关链接索引

相关链接 5.1　政治课中的教学活动设计 /25

相关链接 8.1　制订合理的学习规范 /40

相关链接 10.1　上课最后几分钟的安排 /53

相关链接 28.1　不要站在学生课桌前候答 /137